JN236749

If there is only "Le Creuset"

「ル・クルーゼ」ひとつで。

おかずも、
ごはんも、
おもてなしも。
おいしい、ヘルシー、
おしゃれな51レシピ

信太康代

河出書房新社

prologue

私がル・クルーゼを使うわけ

　ル・クルーゼとの出合いは、私が料理研究家のアシスタントをしていたころ。先生は、フォンドヴォーなどのソースを作るのに、ル・クルーゼの鍋をお使いでした。一見かわいらしい形なのに、持つとどっしりと重いその鍋は、当時の私にとってはとても衝撃的でした。そして使ってみるとどうでしょう。少ない水分量で素材の味がきちんと出る、ムラのない熱まわりで料理がおいしく仕上がる等々、今までにない使い勝手の良さに感動したのです。まだそのころ日本には輸入されていなかったこともあり、私にとっての「いつかは持ちたいあこがれのお鍋」となったのです。

　その後、フランスの料理学校へ行ったら、ル・クルーゼのお鍋が、日本の行平鍋（ゆきひらなべ）と同じ感覚で使われていて、フランスの家庭料理には欠かせないお鍋であることを知りました。そして初めてル・クルーゼが自分のものになったのは、帰国して料理教室を開くようになってから。確か、白いココット・ロンドが最初に持ったル・クルーゼです。これで何を作ろうか、とてもワクワクしたのを昨日のことのように覚えています。

　ル・クルーゼの魅力はなんといってもその万能性。ふんわりと熱が全体にゆきわたり、素材がやわらかく、ふっくらと仕上がる、火を消しても余熱で調理ができる、鍋ごとオーブンに入れられて焼き目をつけられる等々。こんなさまざまな利点から、いつの間にか私の料理には欠かせない存在となっていきました。今では7、8個ものル・クルーゼが棚狭しと並んでいます。そのかわいい様子からか、教室での使い勝手のよさをご覧になって、生徒さんたちの中にもいつしかル・クルーゼを持つ方が増えていきました。ところが残念なことに「うまく使いこなせない」と言う声が、意外にも多かったのです。せっかくのル・クルーゼがなんともったいないことでしょう。

　使えば使うほど、その良さが感じられるル・クルーゼのお鍋。その良さを少しでも知っていただくために、普段私がどんなふうに使っているのかをお伝えしたかったのが、この本を作ろうと思ったきっかけです。

　このメニューを作れば、私がル・クルーゼを使うわけが、実感できるはず。さぁ、しまっていたお鍋を出して！　始めましょう。

信太康代

If there is only "Le Creuset"

Contents

- 02 プロローグ　私がル・クルーゼを使うわけ
- 06 ル・クルーゼで「おいしく作れる！」にはワケがあります。

chapter1　japanese table style
- 08 **今どきの和！信太流リミックスアレンジ**
- 10 和風ビーフシチュー
- 12 トマトのシーフードファルシー／和風シュウマイ
- 14 蒸し野菜の肉みそがけ／冷たいいなにわうどんの肉みそがけ
- 16 かきといかのピラフ
- 18 みょうがと桜えびの梅酢ごはん
- 19 玄米ごはんの海鮮ちらし寿司
- 20 雑穀米のライスサラダ
- 21 すずきのハーブピラフ　パセリ風味
- 22 うなぎごはん
- 23 信太流おもてなし術／使いこなせばこんなに便利！お役立ち調味料

chapter2　Asian table style
- 24 **洗練されたエスニック＆中華**
- 26 キーマカレー
- 28 スパイシーチキンカレー／タンドリーチキン
- 30 ココナッツ風味のタイ風リゾット
- 32 フルーティーローストポーク
- 34 ナンプラー風味の五色きんぴら
- 35 中華風おこわ
- 36 鶏のおかゆサムゲタン風
- 37 わたりがにと春雨の蒸し煮
- 38 カレーワンタンスープ
- 39 かにとにがうりのとろみスープ
- 40 黒ごま風味の中華肉じゃが
- 41 信太流おもてなし術／シンプルで飾り立てない私流のおもてなしコーディネート

chapter3 French&Italian table style
42 フレンチ＆イタリアンのいいとこどり

- 44 ラタトウユ／干しぶどう入りクスクスのラタトウユ添え
- 46 自家製オイルサーディン／オイルサーディンのグラタン
- 48 豚肩ロースのセージ風味 春野菜の蒸し煮添え／あさりのリゾット風
- 50 ポークソテー玉ねぎとピクルスのソース添え
- 52 いかとえびのアメリケーヌソース／湯葉のグラタン
- 54 ペースト三種　たらのペースト　鶏レバーペースト　そら豆のペースト
- 56 具だくさんのミネストローネ
- 57 豆乳のビシソワーズ
- 58 ハヤシライス
- 59 温泉たまごをのせたボロネーゼスパゲッティ
- 60 野菜たっぷりのビーフストロガノフ
- 62 サフラン風味の海の幸リゾット
- 63 鶏のレモンクリーム煮
- 64 ベッコフ
- 65 ソーセージとベーコンの煮込み
- 66 貝のマリニェエール

chapter4 Sweets table style
68 こころ躍る手作りのデザート

- 70 洋なしのロースト 赤ワイン風味キャラメルソース
- 72 桃とココナッツのブラマンジェ
- 74 レモンのミルフィーユ
- 76 レンズ豆のパフェ
- 78 ふわふわチーズクリーム ブルーベリージャム添え
- 79 ミルクジャム

---

*電子レンジは500wを使用しています。
*計量の単位は、カップ1＝200cc、大さじ1＝15cc、小さじ1＝5ccです。
*卵はすべてLサイズ、バターは無塩バターです。
*オーブンの焼き時間や温度は、機種によって異なります。あくまで目安とお考えください。
*ル・クルーゼで調理するときは強火で長時間、加熱してはいけません。本書で「強火」と書いている場合は「火を短時間強める」という意味にとってください。

ル・クルーゼで「おいしく作れる！」にはワケがあります。

ル・クルーゼの鍋は鋳物にガラス質のエナメルを焼きつけたホウロウ加工を施しています。持ってみると分かるとおり、ほかの鍋に比べてずっしり重いのが特徴です。でも、この重みが料理を「おいしく作れる」ワケになっています。ひとつひとつ伝統に培われた技術で、手作りされる鍋の一級品だからこそ、キッチンに飾っていたのではもったいない！　特徴を知ってフルに活用してみてください。

1 ふきこぼれないので料理のうまみを逃しません

ふたの重みで、ふきこぼれにくいので、料理のうまみを逃しません。また、栄養分も損なわれず、素材の良さが引き出されます。

2 ひとつの鍋で「炒めてそのまま煮ること」ができます

内側もエナメル質のホウロウ加工をしているので、炒めること、煮ることがひとつの鍋でできます。シチューなどの煮物料理に最適です。

3 保温性が優れているので料理が冷めにくいのが魅力

特殊な三層のホウロウ加工をしているため、保温性に優れています。鍋に入れておけば料理が冷めにくく、あたたかいまま食べられます。

4 ムラのない熱まわりでコクのある味に仕上がります

ふたと本体の厚みによって、火がムラなく全体にゆきわたるので、料理が深みのある味に仕上がります。焦がしにくいのも魅力です。

5 繰り返し使っても色やにおいがしみつきません

料理が金属面に触れないため、酸に強く、繰り返し使っても色やにおいがしみつきません。デザートを作ったあと、ごはんを炊いても大丈夫。

ココを注意すれば、もっと快適！

料理をおいしく作るためには、鍋を大切に扱うことも大切です。ホウロウ鍋であるため、普通のお鍋とは扱い方法やお手入れ方法が違います。注意点をよく知って、安全に使いこなしたいですね。

- 原則的に中火から弱火の火加減で使いましょう。
- ガス、オーブン、ハロゲン、電気・電磁気調理器具など多くの熱源が使えます。ただし、電子レンジは使えないので、気をつけて！
- 熱い鍋を持つときは、必ず鍋つかみを使うこと。特にオーブンに入れたあとは、要注意です。
- ホウロウを保持するためには、金属製のツールは避けましょう。木べらなどを使って調理すること。
- 使用後は中性洗剤で洗い、乾いた布でよくふくことが大切。ぬれたままだとサビがつく原因にもなります。

まず始めに、ル・クルーゼでおいしいごはんを炊いてみない？

ル・クルーゼは持っているけど、どんな料理を作ればいいか分からない‥そんな方はまず、ごはんを炊くことから始めてみませんか？ 炊飯器ではなく、鍋で炊いてみるのです。ル・クルーゼを使えば、お米が水分を含んでふっくら仕上がり、甘みのあるおいしさ倍増のごはんが炊けます。炊き方も、シンプルで、時間もかかりません。お米さえあれば作れるので、今からでも、チャレンジしてみましょう！

1. お米はといで、20分ほど水に浸しておく。すぐに炊かないことが大切。

2. 鍋に分量のお米と水を入れる。やわらかめが好きな人は、少し水の量を多めにしてもOK。

3. 中火にかけ、沸騰したら弱火にして10〜15分程度で火を止める。熱源からおろして、10〜15分蒸らす。

4. こんなにふっくらと炊きあがります。短時間で炊けるのもうれしいですね。

早分かり！分量表 ココット・ロンド

- 🍲 18cm‥‥米2カップ＋水2〜2.1カップ
- 🍲 20cm‥‥米3カップ＋水3〜3.1カップ
- 🍲 22cm‥‥米4カップ＋水4〜4.1カップ

こんなときどうする？お手入れ方法 Q&A

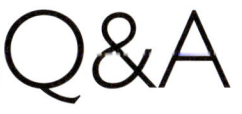

Q どこに収納すればいい？

A 落下してケガをする恐れがあるので、低い場所に収納しましょう。また、長期間使用しない場合は、湿気のない場所に保管しましょう。

Q 焦げつかせてしまったら、どうすればいい？

A 無理にこすらないで、鍋にお湯を入れてしばらく焦げをふやかしてから、スポンジで洗ってみましょう。ひどい場合は、鍋に水を張り、重曹を小さじ1ほど加え、弱火で煮立てます。しばらく時間をおいてから、スポンジで洗い流してみましょう。

Q 縁の部分がサビついてしまったら？

A 市販のサビ取り剤でサビの個所をこすってみましょう。洗ったあとは、食用油を塗っておくと、皮膜になって効果的です。

chapter1 Japanese table style

今どきの和！
信太流
リミックスアレンジ

　仕事では何かと洋風料理を作ることが多い私ですが、実際に自分で作って食べるのは、やはり和食です。ヘルシーで毎日食べても飽きないのが理由でしょうか。特別習ったわけではないので、私が作る和食は子供のときから親しんだ母の味。つまり、和食の先生は母と言うことになりますね。わが家は商売をしていて、従業員の方のお昼を作ったり、多くのお客さまをもてなしたり、母はいつも大量に料理を作っていました。そんな環境からか、いつしか私も料理を手伝うようになって。和の味は家庭の中で自然に身についていったような気がします。

　和食のレシピを本でご紹介するのは、実は今回が初めて。でも、私が作るからには私らしく、純正の和食ではなく、今どきのモダン和食を考えました。ハーブやオリーブオイルなど洋風なテイストをプラスしたり、洋風のソースを加えて新しい食べ方を提案したり。ひと味違う和の味になっています。そして、ル・クルーゼでぜひ提案したかったのが、ごはんもの。おもてなしの場面やゲストに喜ばれるごはんメニューが盛りだくさんです。なかでもすずきのピラフや、みょうがと桜えびの梅酢ごはんなどは、見ためにも楽しい、おなかも大満足な、自慢の一品。

洋風のメニューの中にも、こうしたごはんものをプラスすると新鮮！　ぜひ試してみてはいかかでしょう。

09

和風ビーフシチュー

みそやしょうゆ、和風だしをプラスした新感覚のビーフシチューです。
お肉がとろけるようなやわらかさになるのは、ル・クルーゼのなせるワザ。
オーブンで煮込むので、おもてなしの最後にお出しするメーンディッシュにぴったり。

●材料（4～6人分）
- 牛肩ロース肉……400g
- 塩・こしょう……少々

ベーコン……2枚
オリーブオイル……大さじ2
バター……15g

A
- セロリ……½本
- 玉ねぎ……½個
- にんにく……1片
- にんじん……½本

トマト……大2個

B
- 水……400cc
- 赤ワイン……300cc
- 和風だし（顆粒）……大さじ1½
- デミグラスソース……1缶（290g）
- みそ……30g
- しょうゆ……大さじ1
- トマトピュレ……40g

小玉ねぎ……10個
じゃがいも……1個
ブールマニエ
- バター……15g
- 薄力粉……15g

塩・こしょう……少々
三つ葉……適宜

●作り方
1. 牛肩ロース肉は3～4cm角に切り、塩・こしょうをしておく。
2. ベーコンとAの野菜はみじん切りにしておく。野菜はフードプロセッサーにかけて、細かくしても。
3. 鍋にオリーブオイルとバターを熱し、ベーコンを炒める。Aの野菜も入れ、炒めていく。
4. 1の肉を入れ、角切りにしたトマトとBの調味料を入れて混ぜていく。
5. 200～250度のオーブンで、1時間半煮込む。肉がやわらかくなったら、大きめに切ったじゃがいも、小玉ねぎを入れ、さらに15分ほど煮込む。
6. とろみが足りないときは、5の汁を200ccくらいボウルに取り、バターと薄力粉を練って作ったブールマニエを少しずつ加えて混ぜ、再び鍋にもどす。塩・こしょうで味を調える。
7. 器に盛り、三つ葉を添える。

赤ワイン、和風だしなどとともに、みそを入れるのが決め手。ひと味違う和風味に。

バターと薄力粉で練ったブールマニエでとろみをつけていきます。

Arrangement

このビーフシチューのソースに玉ねぎとひき肉を加えて煮ます。ゆでたじゃがいもをつぶしてグラタン皿に敷き、ソースをかけてチーズをふり、オーブンで焼いてみましょう。みそ味のポテトグラタンに生まれ変わります。

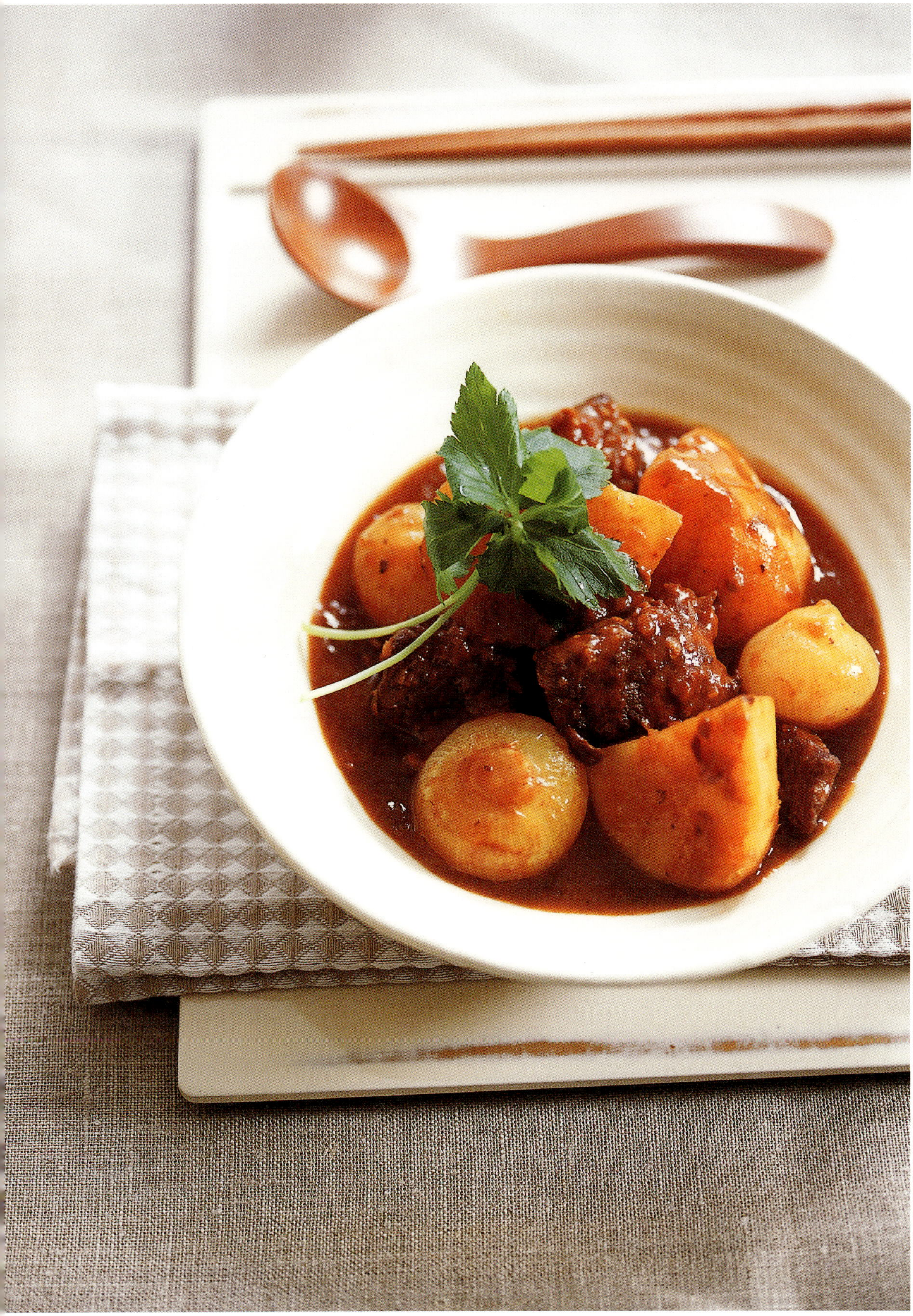

トマトのシーフードファルシー

真っ赤なトマトを器にしたファルシーは、ル・クルーゼのお鍋ごとテーブルへ。
ふたを開けたときの歓声が聞こえてきそう。
食べてみると、お味は和風。意外性も楽しめる一品です。

●材料（4人分）
トマト……4個
オクラ……4本
ファルス（すり身）
　┌ 帆立て貝柱……250g
　│ えび（むき身）……100g
　│ 生クリーム……80cc
　│ 卵白……1/2個分
　│ 塩……小さじ1/2
　│ こしょう……少々
　│ 玉ねぎ……1/3個
　│ 生しいたけ……3枚
　│ レモンの皮のすりおろし……大さじ1/2
　└ しょうがのすりおろし……小さじ1
スープ
　┌ 水……700cc
　│ 昆布……5g
　│ コンソメ（顆粒）……小さじ2
　│ 日本酒……小さじ2
　│ 塩……小さじ1/2
　└ 砂糖……小さじ1

●作り方
1. トマトは湯むきして、皮を取る。へたを落として、スプーンで種の部分をくりぬいて、トマトのケースにしておく。
2. 帆立てとえびはフードプロセッサーにかけて、生クリームを3～4回に分けて加え、途中卵白も加えて、なめらかなすり身にしておく。
3. 玉ねぎ、しいたけはみじん切りに、レモンとしょうがはすりおろしておく。
4. 2をボウルに移し、塩・こしょうをして、3の玉ねぎ、しいたけ、レモン、しょうがを加え、よく混ぜ合わせておく。
5. 1のトマトに、4のファルス（すり身）を詰めておく。
6. 鍋にスープの材料をすべて入れ、沸騰させて5のトマトとオクラを入れ、ファルスに火が入るまで弱火で15～20分ほど煮込む。

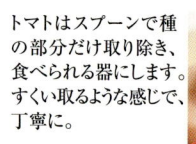

トマトはスプーンで種の部分だけ取り除き、食べられる器にします。すくい取るような感じで、丁寧に。

魚介はフードプロセッサーにかけて細かくします。生クリームは他の材料となじむよう、数回に分けて入れましょう。

● Arrangement

和風シュウマイ

魚介で作った「ファルス（すり身）」はシュウマイの具としても最適です。
ル・クルーゼの鍋を蒸し器にして、シュウマイを蒸してみましょう。

●材料（4人分）
ファルス（すり身）……トマトのファルシーで作ったすり身の1/3の量
シュウマイの皮……30枚
辛子……少々
しょうゆ……少々
レモン……適宜

●作り方
1. ファルスをシュウマイの皮で包む。
2. 鍋に高めの器を裏返して置き、その上にシュウマイをのせた皿を置く。下に水を張り、鍋の中に蒸し器を作る。ふたをして7～8分火にかけ、シュウマイを蒸す。
3. 蒸しあがったら器に盛り、辛子じょうゆにつけ、レモンをかけていただく。

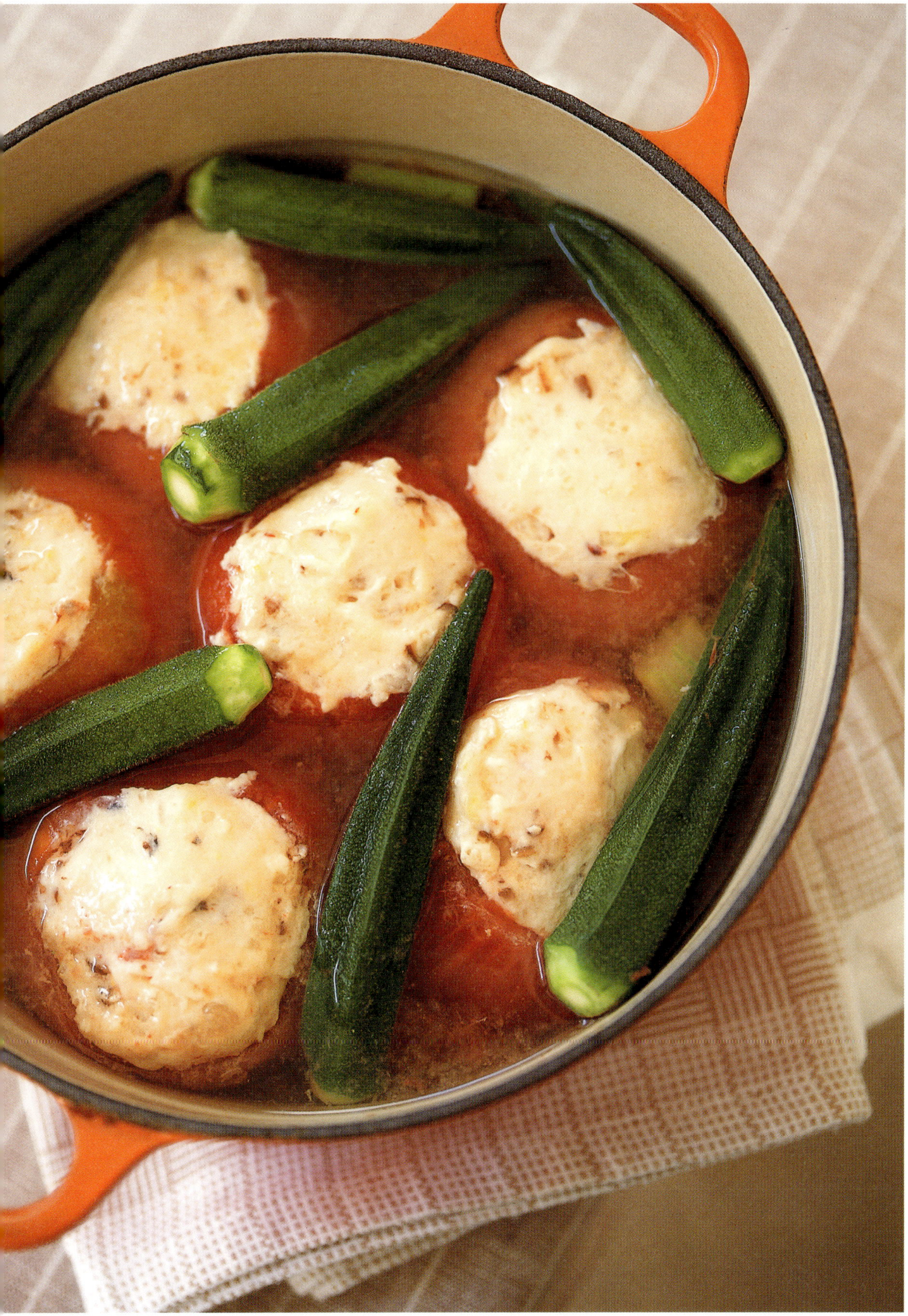

蒸し野菜の肉みそがけ

熱が逃げにくく、焦げにくいル・クルーゼの鍋。野菜の蒸し煮のような素材を生かした料理も得意。
おなじみの野菜も、野菜本来の甘みがぐんと引き立ち、ひと味もふた味も違うはず。
XO醤(ジャン)の香りをきかせた肉みそといっしょに味わえば格別です。

●材料(4人分)
かぼちゃ……1/8個
大根……1/6本
はす……1/4本
しめじ……1パック
グリーンアスパラ……1/4本
赤ピーマン……大1/2個
水……大さじ2
日本酒……大さじ1
A ┌ みそ……150g
  │ 卵黄……2個
  │ 日本酒……120cc
  │ 砂糖……25g
  └ みりん……25cc
合いびき肉……80g
ねぎ……1/2本
XO醤(ジャン)……大さじ1

●作り方
1. 野菜を下ごしらえする。かぼちゃはわたを取り、1.5cm厚のくし形切りに。大根は1.5cmの輪切り、はすは1cmの輪切り、アスパラは4〜5cmに切る。しめじは石づきを取って小房にほぐし、赤ピーマンは半分に割って1cm幅のくし形切りにする。
2. 鍋に1を入れ、分量の水と酒をふり、ふたをして弱火で10分ほど蒸し煮する。
(肉みそを作る)
3. 別の鍋にAの材料を入れ、弱火にかけ、とろりとするまで練り込む。この練りみそは、器にとっておく。
4. 鍋にひき肉を入れて炒め、ぽろぽろにし、ねぎをみじん切りにして加える。XO醤と3の練りみそ150g分を加え、さらに炒める。
(仕上げ)
5. 皿に蒸した野菜を盛り、4の肉みそをかけていただく。

鍋に切った野菜を入れ、水と酒を加え、蒸していきます。ル・クルーゼなら少量の水でも、上手に蒸せるのが特徴。

練りみそは、弱火でゆっくり練り上げるのがコツ。多めにできるので残りは他の料理に利用できます。

Arrangement

冷たいいなにわうどんの肉みそがけ

コクのある肉みそは、うどんにのせても好相性。豆板醤(トウバンジャン)を加えてピリ辛にすれば、食が進みます。トマトや枝豆を添えてヘルシーに。

●材料(4人分)
肉みそ……150g
トマト……2個
枝豆……少々
ねぎ……適量
塩……少々
いなにわうどん……200g
水……1カップ
めんつゆ……大さじ2
豆板醤(トウバンジャン)……小さじ1 1/2
ごま油……少々
塩・こしょう……少々

●作り方
1. トマトは湯むきをして、角切りにする。枝豆は塩ゆでしておく。ねぎは斜めの薄切りにする。
2. 鍋にたっぷりの湯を沸かし、いなにわうどんをゆでる。ゆであがったら湯をきり、器に盛る。
3. 鍋に「肉みそ」と分量の水、めんつゆを加え、溶きのばす。豆板醤、ごま油、1のトマトも入れ、ひと煮立ちさせて、塩・こしょうで味を調える。
4. 2のうどんに3をかけ、1の枝豆とねぎをのせる。

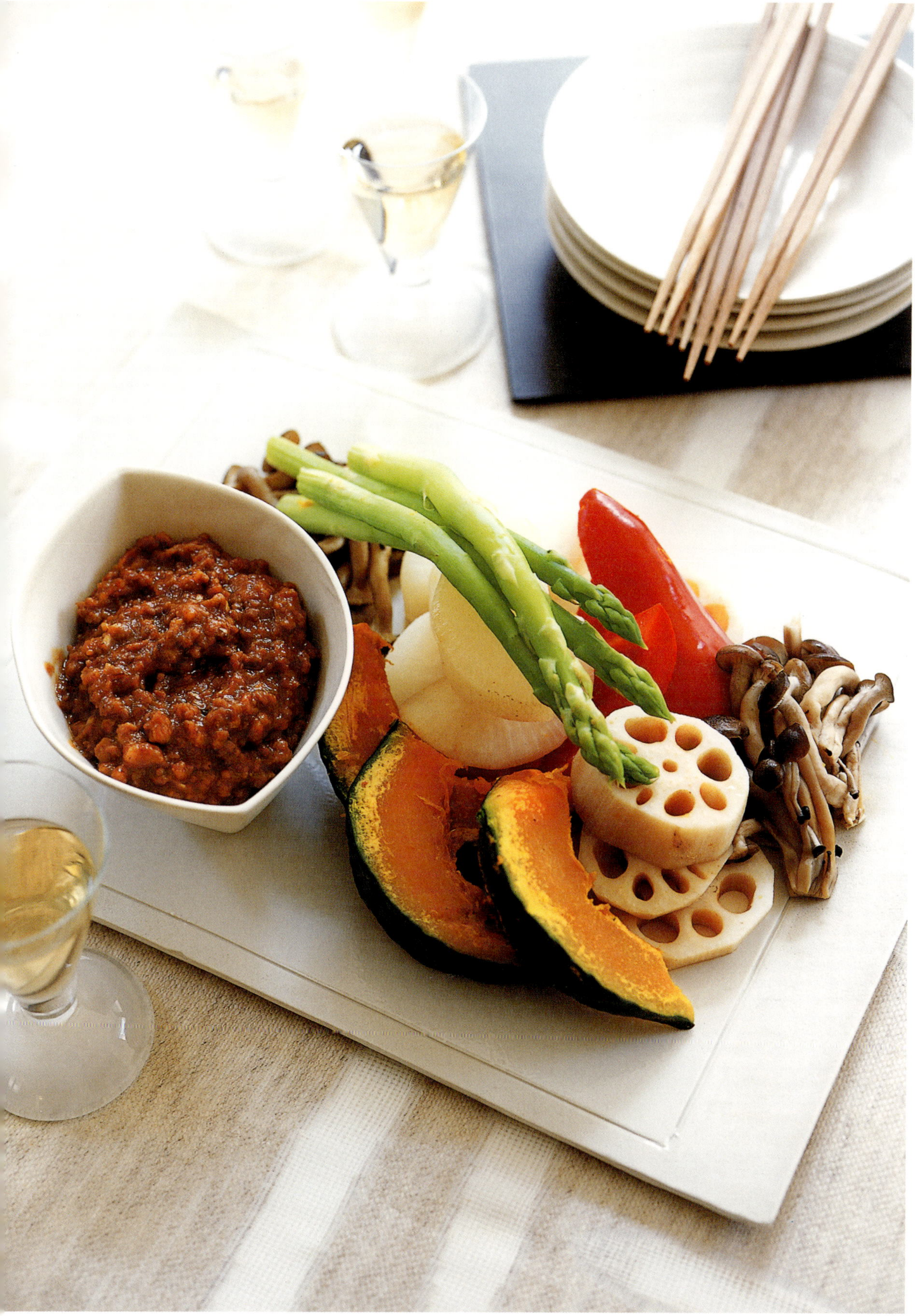

かきといかのピラフ

いかわたを調味料に加えて、コクと風味を出しました。このひと手間で、味の深みが変わります。
さらにル・クルーゼで炊くことで、お米に魚介のだしがより一層しみ込んで、絶品のピラフに。
お酒のあとにもおすすめのごはん料理です。

●材料（4人分）
いか（刺身用）……1ぱい
いかわた……1ぱい分
かき（生食用）……200g
玉ねぎ……小¼個
にんにく……1片
米……2カップ
バター……15～20g
オリーブオイル……大さじ1
A ┌ 白ワイン……60cc
　├ しょうゆ……大さじ2
　└ みりん……大さじ2
水……400cc
コンソメ……大さじ1
塩・こしょう……少々
三つ葉……適宜
レモン……適宜

●作り方
1. 米は洗って30分ほど水につけ、ザルにあげておく。
2. 玉ねぎ、にんにくはみじん切り。いかはわたを取り、よく洗って1cmの輪切りにする。かきも水洗いをしておく。
3. 鍋にバターを熱し、玉ねぎ、にんにくを入れ、玉ねぎが透き通るまで炒める。
4. 別の鍋にAの調味料を入れ、水けをきったいかとかきを入れ、沸騰するまで煮て、その後は中火で3～4分煮る。具（いかとかき）は取り出しておく。
5. 4の煮汁にいかのわたを入れて混ぜ合わせる。
6. 3に1の米を加えて混ぜ、オリーブオイルを少し足し、さらに炒める。
7. 6の鍋に分量の水、コンソメ、塩・こしょうを加え、5の煮汁を入れてふたをして、ごく弱火で30～35分煮る。いかとかきを加え、3～4cmに切った三つ葉の⅓の量も加え、火を消したら5分蒸らす。
8. 皿に盛り、残りの三つ葉を飾り、くし形に切ったレモンを添える。

玉ねぎ、にんにくを入れて香りを出し、ワインを入れたら煮詰めて、酸味を取ります。日本酒ではなくワインを入れるのがオリジナル。

Message

炊き込みごはんは、ひと味違う満足感を感じるお料理。このピラフはワインで魚介の臭みを取っているので、クセがありません。かきが苦手な方でも、ぜひ試していただきたい一品です。

いかわたの入ったうまみたっぷりの煮汁を加えて、お米を炊きます。蒸らす前に魚介を入れるのがやわらかく仕上げるコツ。

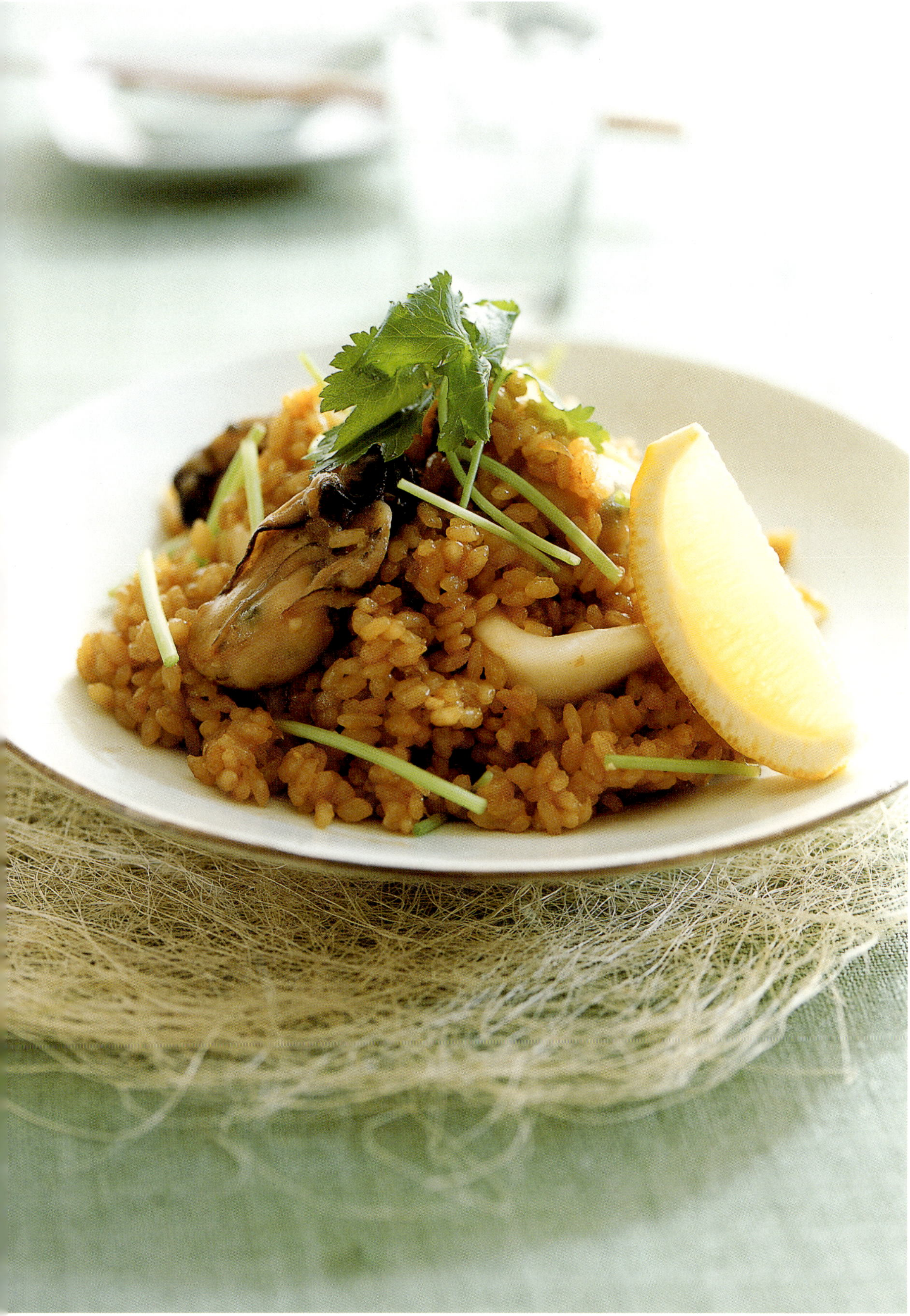

みょうがと桜えびの梅酢ごはん

ふっくらごはんに、みょうがと梅酢を混ぜて、ほんのりピンク色に染めました。
かわいい色合いなので、女性のお客さまに喜ばれそう。
厚みのあるル・クルーゼで炊いたごはんの味は格別。お米本来の甘さが実感できます。

●材料（4人分）
米……2カップ
水……2カップ弱
こんぶ……10cm
みょうが……6個
塩……少々
A ┌ しそ梅酢（市販品）……50cc
　└ 砂糖……小さじ4
梅干し……2〜3個
桜えび……10g
白ごま……少々
かいわれ大根……適宜

●作り方
1. みょうがは縦半分に切り、斜めに薄切りにし、塩でもみ5〜6分おく。
2. 米は分量の水とこんぶを入れて、炊いておく。（P7参照）
3. Aを混ぜ合わせ梅酢を作る。大さじ2だけ別の器に移して、刻んだ梅とみょうがを入れ、1時間ほどつけておく。
4. 炊きあがったごはんは、飯台かボウルに入れ、梅とみょうがの入っていない梅酢を混ぜ合わせる。ごはんを切るように混ぜていく。
5. さらに、かるく炒った桜えびと、梅とみょうがの入った梅酢を加えて、よく混ぜ、お茶わんに盛る。ごまをふり、かいわれ大根を飾る。

しそ梅酢と砂糖を合わせて、すし酢を作ります。ごはんに混ぜると、かわいいピンク色に。

全体に具がまわるように混ぜていきます。ごはんがつぶれないよう、切るように混ぜること。

Message

市販のしそ梅酢がない場合は、米酢やすし酢に赤い梅干しをほぐして混ぜ合わせて、作ってしまいましょう。梅干しに赤く色づいたしその葉が入っていれば、それも加えると、きれいな色が出ます。

玄米ごはんの海鮮ちらし寿司

玄米ごはんもル・クルーゼで炊けば、しっとりおいしく炊き上がります。
玄米ごはんを酢飯にして、お刺身を飾るだけの簡単料理ですが、見た目も豪華で、誰もが大好きなお味。
こうしたちょっと手抜き料理も覚えておきたいですね。

●材料（4人分）
玄米ごはん
　玄米……2カップ
　水……2.2～2.3カップ
合わせ酢
　A ┌ 米酢……50cc
　　├ 砂糖……小さじ4
　　└ 塩……小さじ1
海鮮ちらしの具
　いくら……50g
　まぐろ……50g
　帆立て貝柱……3個
　サーモン……50g
　卵焼き……80g
　きゅうり……1/2本
（お寿司セットなどの刺身を買ってもOK）
白ごま……少々
木の芽……少々

●作り方
（玄米を炊く）
1. 玄米は30分ほど水につけておく。
2. 玄米を水でさっとすすいで水けをきる。
3. 鍋に玄米と分量の水（玄米の1.2～1.3倍の量）を入れ、中火にして沸騰したら、弱火にし、20～25分炊く。火を止めて10～15分蒸らす。
（合わせ酢を作る）
4. Aの調味料をよく混ぜ、砂糖と塩が完全に溶けるように混ぜ合わせていく。
（寿司を作る）
5. 玄米ごはんをボウルに入れ、4の合わせ酢を全体にいきわたるようにまわしかけ、ごはんを手早く切るように混ぜる。うちわであおぎながら、冷ます。
6. 刺身などの具は、1～2cm角にそれぞれ切りそろえる。
7. 冷めた5の酢飯を盛り、具をのせ、白ごまをふって、木の芽を飾る。

合わせ酢を混ぜるときは、手早く切るようにが基本。玄米の酢めしは、なんともヘルシーな味がします。

玄米は白米より少し多めの水加減で炊きます。こんなふうに、ふっくら炊ければ、この料理は成功です。

雑穀米のライスサラダ

ブームの雑穀米は、サラダにすると食べやすくなります。雑穀米は、水からゆでるのがポイント。
ル・クルーゼでゆでれば、雑穀本来の甘みが出て、おいしくいただけます。
メーンのつけ合わせや前菜としてお出ししてみましょう。

●材料（4人分）
雑穀ブレンド……70g
米……30g
ズッキーニ……1/2本
赤ピーマン……大1/3個
黄ピーマン……大1/3個
香菜……少々
パセリ……少々
トレビス……3〜4枚
にんにく……少々
A ┌ レモン汁……大さじ2
  │ クミンパウダー……少々
  │ 塩……小さじ1/2
  └ こしょう……少々
オリーブオイル……大さじ3

●作り方
1. 雑穀ブレンドと米は鍋に入れ、水からゆでる。中火でゆでて、やわらかくなったら、ザルにあげて、水けをきっておく。
2. ズッキーニ、赤・黄ピーマンは7〜8cmの角切りに、香菜とパセリはみじん切りに、トレビスは食べやすいように手でちぎっておく。にんにくは、すりおろしておく。
3. ボウルに、1と2の野菜を入れ、よく混ぜておく。
4. 別のボウルにAのドレッシングの材料を入れて混ぜ、オリーブオイルも少しずつ加えて混ぜ合わせる。
5. 3に4のドレッシングを加え、全体にあえる。

ドレッシングは少しずつ入れていき、全体に味がゆきわたるようかき混ぜます。

雑穀ブレンドと米はひと混ぜして、水からゆでてください。米がやわらかくなったのを確認してから、ザルにあげます。

Message

あわやきび、黒ごまなどが入った雑穀米は、女性に必要な食物繊維や鉄分がたっぷり含まれています。野菜とミックスしてサラダにすれば、さらにヘルシーです。

すずきのハーブピラフ パセリ風味

鯛の代用としてすずきを使った、鯛めし風のピラフです。
すずきやあさりを煮た煮汁でごはんを炊くので少々手が込んでいますが、そのお味は絶品！
仕上げに、パセリのオイルをかけるというのが、信太流です。

パセリオイルをかけることで、和食とはひと味違うフレンチ風味のさわやかな味になります。

●材料（4人分）
- すずき……280g
  - 塩・こしょう……少々
  - 日本酒……大さじ3
  - 水……大さじ4
- 塩・こしょう……少々
- 和風だし（顆粒）……小さじ1
- あさり汁
  - あさり（殻つき）……300g
  - 水……300cc
  - パセリの茎……少々
- バター……大さじ1
- オリーブオイル……大さじ1
- 米……2カップ
- 玉ねぎ（みじん切り）……大さじ3
- にんにく（みじん切り）……小さじ1
- 日本酒……50cc
- バター……大さじ1
- 大葉……5枚
- みょうが……3本
- しょうが……1/2本
- B
  - レモン汁……小さじ2
  - シブレット……10g
  - オリーブオイル……大さじ1/2
  - 塩……少々
- パセリオイル
- C
  - パセリ……30g
  - オリーブオイル……150cc
  - 塩……小さじ1
  - こしょう……少々

●作り方
1. 鍋にあさりと分量の水とパセリの茎を入れ、中火にかけ、あさりの口が開いたら火を止める。目の細かいストレーナーでこし、汁と貝に分ける。あさりは殻を外しておく。
2. すずきはひと口大に切り、塩・こしょうをして鍋に入れ、酒、分量の水を入れてふたをして、5〜6分蒸し煮する。これを一度取り出し、汁と身に分けておく。汁の中に和風だしと塩・こしょうを加え、混ぜておく。
3. 1のあさり汁と2の汁を合わせ、450ccになるようにしておく。
4. 鍋にバターとオリーブオイルを入れて熱し、にんにくを炒め、玉ねぎを加える。酒を入れてアルコール分をとばす。米と3の汁を加え、さらに煮る。
5. 15〜18分したら、バター、2のすずき、1のあさりを加えて、再び5分煮る。
6. 大葉、みょうが、しょうがは千切りに。
7. 6の薬味の半量とBを混ぜ合わせる。
8. 5の鍋は火を止め、中に7を入れ、5分蒸らす。
9. 皿によく混ぜ合わせた8のごはんを盛り、6の残りの薬味を飾る。Cをフードプロセッサーにかけてパセリオイルを作り、お好みでかけていただく。

米が炊きあがる前に、すずきとあさりを入れて5分煮ます。こうすることで、ふっくらやわらかな魚介が味わえます。

うなぎごはん

アルコールを召し上がったあとに、お出ししたい一品。市販のうなぎを利用し、添付のたれで煮込むだけなので、パーティーのサービスをしながら作ることができそう。うなぎめしにだし汁をかけ、ひつまぶし風に食べても美味です。

●材料（4人分）
うなぎ……大1枚
うなぎ用のたれ……大さじ2
米……2カップ
薬味
A ┌ みょうが……適宜
  │ 万能ねぎ……適宜
  └ 大葉……適宜
B ┌ 水……370cc
  │ うなぎ用たれ……大さじ2
  └ 塩……小さじ1
だし汁
C ┌ 水……400cc
  └ 和風だし（顆粒）……小さじ2
きざみのり……適宜
わさび……適宜

●作り方
1. うなぎは3×1cmくらいの長方形に切り、うなぎ用のたれをまぶしておく。Aのみょうがと大葉は千切りに、ねぎは小口切りにする。
2. といだ米にBを加え混ぜて、弱火で20〜25分火にかける。
3. 火を止め、1のうなぎと薬味を入れて5分蒸らす。
4. 全体を混ぜて、お茶わんに盛る。
5. 2杯目は、Cを煮立てて作っただし汁をかけ、のりとわさびを添えて、ひつまぶし風にして食べても。

うなぎにたれをよくまぶして、臭みを取ります。

ごはんが炊きあがってから、蒸らす前にうなぎを入れます。蒸らしたあとは、まんべんなくうなぎがゆきわたるように、よく混ぜて。

Message

しょうゆの入ったたれで炊いているので、お焦げも期待できます。香ばしいお焦げが、一層うなぎめしをおいしく引き立てるはず。アルコールが入ったゲストには、ひつまぶし風をすすめてみてください。

\信太流おもてなし術/
使いこなせばこんなに便利！
お役立ち調味料

この本では、おもてなしを手早く作れるように、加工されたスープやだし、調味料などを多く使ってみました。フォンドヴォー、アメリケーヌ（アメリカン）ソース、バジルペースト、炒め玉ねぎなどです。もちろん、時間があったら、手作りするのが一番です。ル・クルーゼの鍋なら、焦げつくことなく、上手にスープやソースが作れます。でも、おもてなしをするときは、すべての料理に手間がかかっては疲れるだけ。私自身も、その場を楽しみたいので、カジュアルなおもてなしの場合は、加工品を利用して、調理時間を短くするようにしています。

今回使用した加工品や調味料、海外の珍しい食材は、品質も味も良い物が多く、顆粒や缶詰になっていて使い勝手も抜群です。これらの使い方を知っていれば、料理のレパートリーの幅もグンと広がります。また、いつものお味にプラスするだけで、コクや深みも変わってくるもの。ぜひ試してみてください。

（左から）アメリカンソース、フォン・ド・ヴォー、ココナッツミルク、デミグラスソース
ソース類の缶は、「ハインツ」の製品を多く使います。手作りに近いしっかりした味で、スーパーでも手に入りやすいのが魅力ですね。ココナッツミルクはデザートやエスニック料理に欠かせないもの。常備しておきたい缶詰のひとつです。

（左から）フュメドポワゾン、ハーブペースト、ガラムマサラ、炒め玉ねぎ
エスニック料理で使った調味料や香辛料です。ガラムマサラはカルダモン、クミン、シナモンなど、さまざまなスパイスをミックスした混合香辛料。料理に最後に加えると風味が強く出ます。炒め玉ねぎは、洋風のシチューや煮込みにも大活躍。これを入れるだけで、コクと香りが違うのです。

（左から）フライドオニオン、ピクルス
ピクルスはマイユという種類で、甘さを控えたものです。このほうが甘さを感じないので、料理に使うときは便利です。フライドオニオンは、ごはんにかけたり、スープに入れたり、ひと味コクを出したいときに使います。

（上から）八角、松の実、くこの実
八角は独特の香りのする中国の香辛料です。ひとつ入れるだけで、中華風味になるのが、すごいところです。くこの実や松の実は、おかゆだけでなく、煮物やスープに入れると、芳ばしく仕上がります。

（上から）黒ごまペースト、生湯葉
今回のレシピの中では、生湯葉はグラタンに、黒ごまペーストは中華風の肉じゃがに、と和の素材を中華や洋風の料理にアレンジしました。異素材を組み合わせることで、新しい味に出合えます。そんなところが料理のだいご味です。

chapter2 # Asian table style

洗練された
エスニック&中華

私はエスニック料理が大好き。毎年、夏のお教室にはエスニックメニューを豊富に取り入れています。

そもそもエスニック好きのきっかけとなったのはハワイ。友人に連れられて行ったエスニック料理のお店で、ベトナム風春巻きやトムヤンクンを食べたのが最初の出合いでした。初めのうちは「不思議な味」という印象でしたが、友人にすすめられて何回か足を運ぶうち、エスニック独特の辛さと甘酸っぱさにすっかり魅了されてしまい…。

その後、スイスでの製菓学校時代、同じ寮にラオスやベトナム、フィリピンの友人達がいて、本場のエスニック料理を習うチャンスに恵まれました。そしてフランス・パリでは、おいしいと評判のエスニックレストランへたくさん通い、プロの味の研究にも夢中になったものです。パリのエスニックは、フランス料理のエッセンスがプラスされているせいか、とてもマイルドでやさしい味。この何ともいえないミックス加減が、私の好みにぴったり。当時のエスニックざんまいの日々が、今の私のエスニックレシピにつながっていると思います。

友人達から教えてもらった現地の味にマイルドなパリの味、そして日本人好みの刺激の少ない味にアレンジし、この章では私らしい洗練エスニックを考えました。香菜は飾りだけに使ったり、ライムでさわやかさを演出したり。エスニックの苦手な方にでもチャレンジできるよう、食べやすさを考慮しました。

カジュアルなおもてなしに喜ばれるエスニック。ル・クルーゼで、ぜひチャレンジしてみてください。

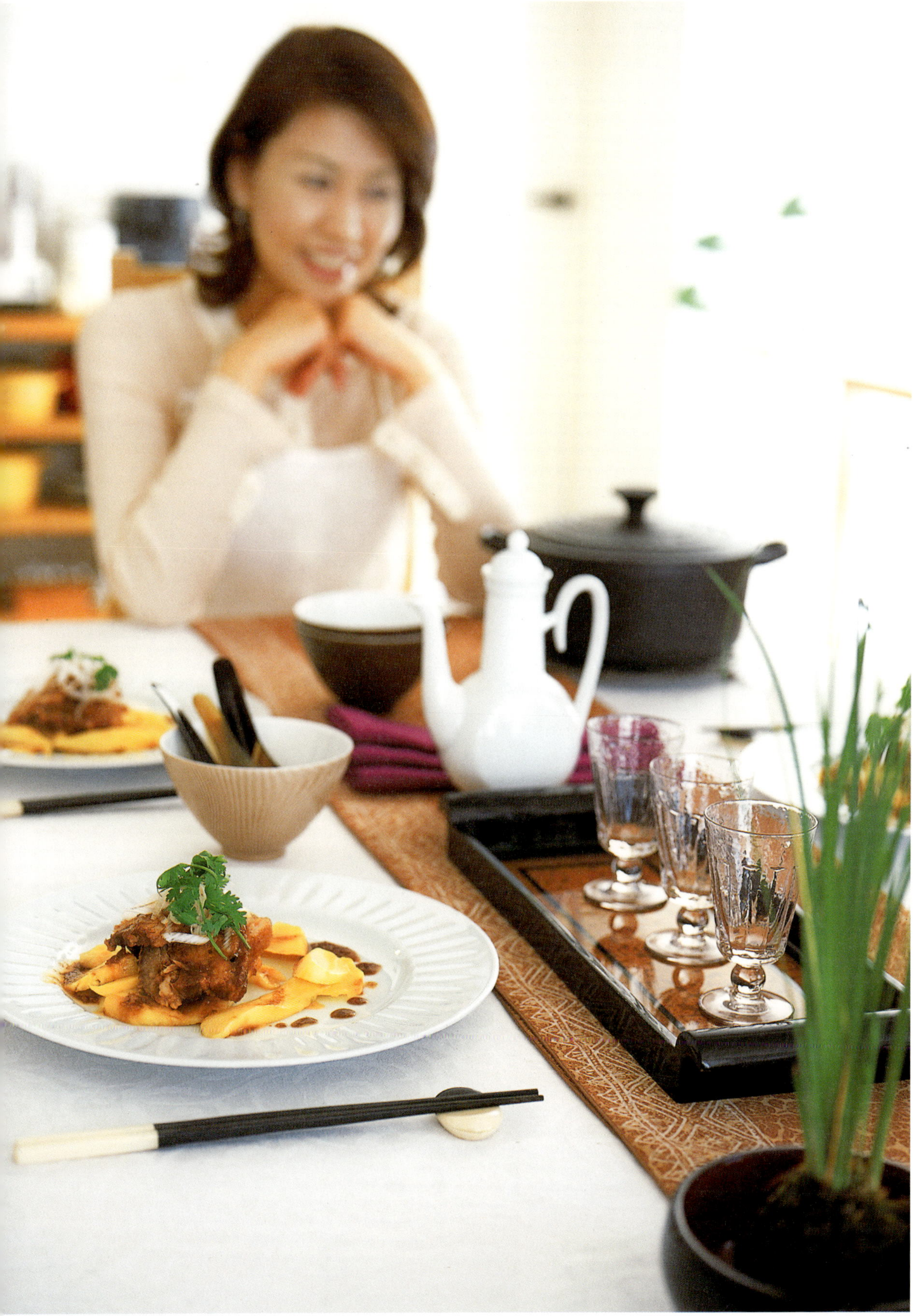

キーマカレー

ムラなく熱を伝えるル・クルーゼの鍋は、カレーのような煮込み料理がとっても得意。
特にキーマカレーはじっくりと煮込むことで、より深い味わいに仕上がります。
クミンの香りがするエスニックな味つけです。

●材料(4人分)
カレー
　合いびき肉……300g
　サラダオイル……60g
　バター……40g
　クミンシード……小さじ1
　A ┌ 玉ねぎ……小2個
　　├ にんにく……2片
　　└ しょうが……1片
　B ┌ 赤唐辛子……1本
　　├ ターメリック……小さじ1
　　└ カイエンペッパー……小さじ1½
　コリアンダー(粉)……大さじ2～2½
　トマト……大1½
　グリーンピース(冷凍)……300g
　水……250cc
　コンソメ(顆粒)……大さじ2
　塩……小さじ2
　ガラムマサラ……大さじ1
　トマトペースト……大さじ4
　しょうゆ……小さじ2
ひよこ豆のごはん
　米(無洗米)……2カップ
　水……2カップ
　ひよこ豆の水煮缶……1缶(220g)
　玉ねぎ……¼個
　にんにく……1片
　バター……大さじ2
　塩・こしょう……少々
ゆで卵……2個
香菜……適宜

●作り方
(カレーを作る)
1. Aの材料は、みじん切りにしておく。
2. 鍋にサラダオイルとバターを入れて熱し、クミンを加え香りを出す。
3. Aのにんにく、しょうがを加え、さらに炒めて香りを出したら、玉ねぎを加える。濃い茶色になるまで中火で30～40分じっくり炒める。
4. Bを加えてかるく炒め、ひき肉を入れて肉がぱらぱらになるまで炒める。コリアンダーとざく切りにしたトマトとトマトペーストを加え、トマトの水分がとぶまで炒める。
5. グリーンピース、分量の水、コンソメと塩、ガラムマサラ⅓の量を入れ、弱火で20分ほど煮る。
6. 水分が残っているかを確認しながら、10～15分煮込む。
7. 残りのガラムマサラを加え、しょうゆで味を調える。
(ひよこ豆のごはんを炊く)
8. 玉ねぎ、にんにくはみじん切りにする。鍋にバターを熱し、これらを炒め、米を加えて塩・こしょうをする。
9. 分量の水とひよこ豆を入れ、中火で火にかけ沸騰したら、弱火で15～20分煮て、火を止め10～15分程蒸らす。

(仕上げ)
10. 9の豆ごはんを皿に盛り、7のカレーをかける。ゆで卵を半分に切って飾る。香菜を添える。

最初にクミンを入れることで、独特の香りが、エスニックの風味を引き出します。

ひき肉は、肉がパラパラになるまで、水分をとばしながら炒めていきます。

Arrangement

出来上がった「キーマカレー」と、ゆでてつぶしたじゃがいもを混ぜて、春巻きの皮で包み、油で揚げてみましょう。ピリ辛なので、ビールのおつまみにピッタリです。

chapter2 | Asian table style

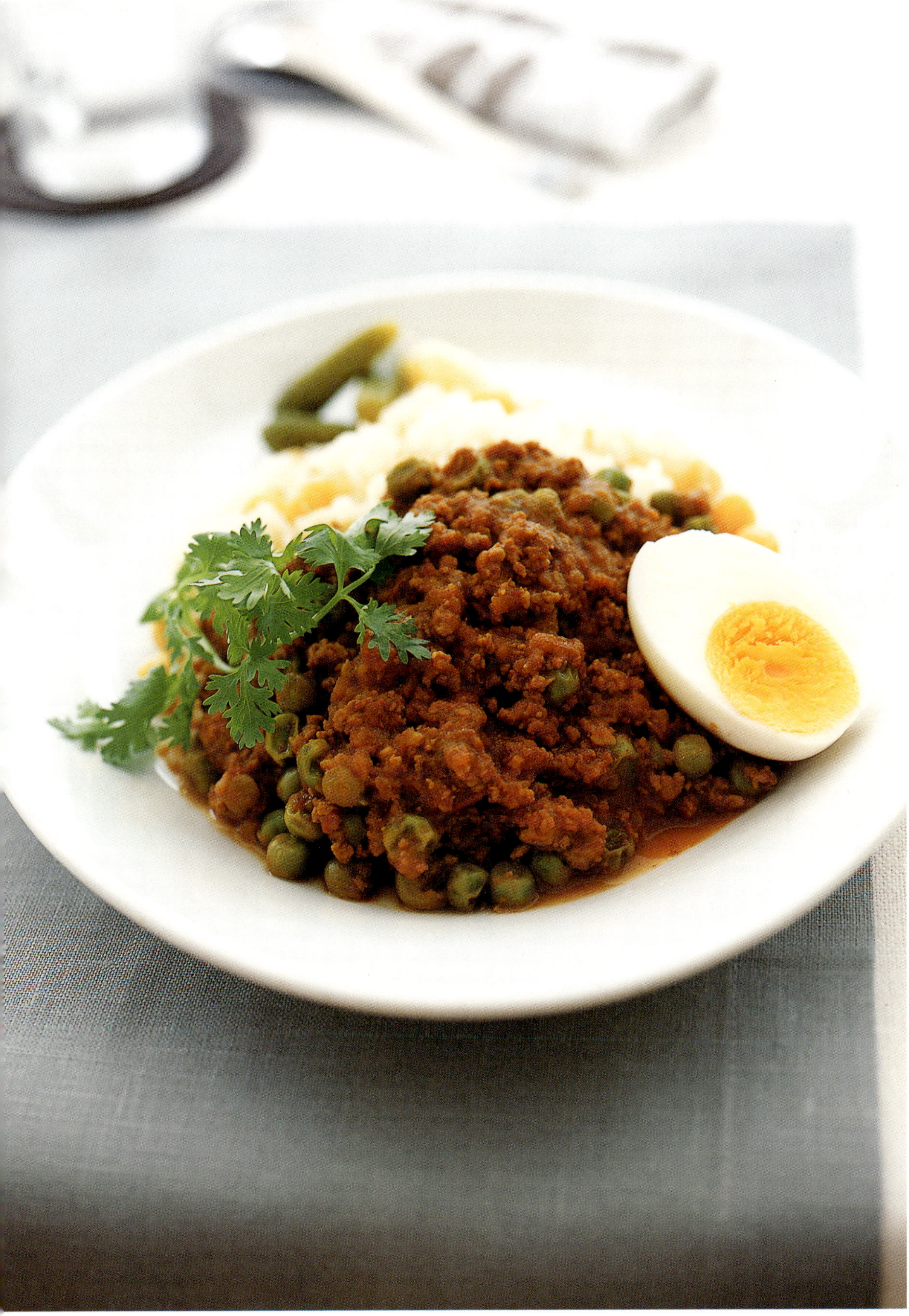

スパイシーチキンカレー

チキンをヨーグルトにつけ込むことで、肉がやわらかくなり、煮込む時間が短縮できます。りんごや玉ねぎはフードプロセッサーにかけて、市販のカレールーと混ぜ合わせ、オリジナルの風味を出しました。忙しい日の一品に。

●材料(4～6人分)
鶏もも肉……350～400g
　塩・こしょう……少々
A ┌ プレーンヨーグルト……大さじ3
　├ カレー粉……大さじ3
　└ カイエンペッパー……大さじ1/2
サラダオイル……大さじ2
B ┌ りんご……1個
　├ 玉ねぎ……1個
　├ しょうが……1片
　└ にんにく……2片
サラダオイル……大さじ2
バター……大さじ2
クミンシード……小さじ1/2
炒め玉ねぎ(瓶詰)……1瓶
水……700cc
コンソメ……大さじ1 1/2
トマトの水煮(缶詰)……4個(汁は入れない)
C ┌ コリアンダー(粒)……小さじ1/2
　├ カルダモン(粒)……小さじ1/2
　└ 黒こしょう(粒)……8粒分
市販のカレールー……120g
塩・こしょう……少々
ガラムマサラ……大さじ1
しょうゆ……大さじ1

●作り方
1. 鶏もも肉はひと口大に切り、塩・こしょうをかるくする。Aの材料を合わせ、その中に肉を30分ほどつけ込む。
2. フライパンにサラダオイルを熱し、1の鶏肉を皮目からパリッとするまで焼き、一度取り出しておく。
3. Bの材料はフードプロセッサーで、ペースト状にしておく。
4. 2の鍋にサラダオイルとバターを入れて熱し、クミンシードを入れて炒める。クミンがパチパチしてきたら、2の肉を加え、炒め玉ねぎ、トマトの水煮、3のペースト、分量の水、コンソメ、さらに砕いておいたCの調味料を入れ、煮込んでいく。最初は強火で、沸騰したら、弱火で20～25分煮込む。
5. 市販のルーを加え、火を強め、とろりとさせる。ガラムマサラと塩・こしょう、しょうゆで味を調える。あたたかいごはんやナンといっしょにいただく。

鶏肉は、香辛料と混ぜたヨーグルトの中に30分ほどつけ込みます。こうすることで肉がやわらかく仕上がります。

りんごや玉ねぎをフードプロセッサーで細かくしたものを、カレースープの隠し味に。自然な甘みがプラスされます。

Arrangement

タンドリーチキン

ヨーグルトにつけ込んだ「チキン」を利用して、タンドリーチキンを焼いてみましょう。ル・クルーゼで蒸し焼きにするので、外はパリッと、中はジューシーに焼き上がります。

●材料(4人分)
鶏もも肉……350～400g
　塩・こしょう……少々
A ┌ ヨーグルト……大さじ3
　├ カレー粉……大さじ3
　└ カイエンペッパー……大さじ1/2
オリーブオイル……大さじ1～2
ライム……1個

●作り方
1. 「スパイシーチキンカレー」の作り方同様、鶏もも肉を塩・こしょうして、Aに30分つけ込む。
2. 鍋にオリーブオイルを熱し、1を入れ、ふたをして蒸し煮にする。弱火で両面を焼きつける。
3. ライムを輪切りにし皿に飾り、上に2を盛る。

chapter2 | Asian table style

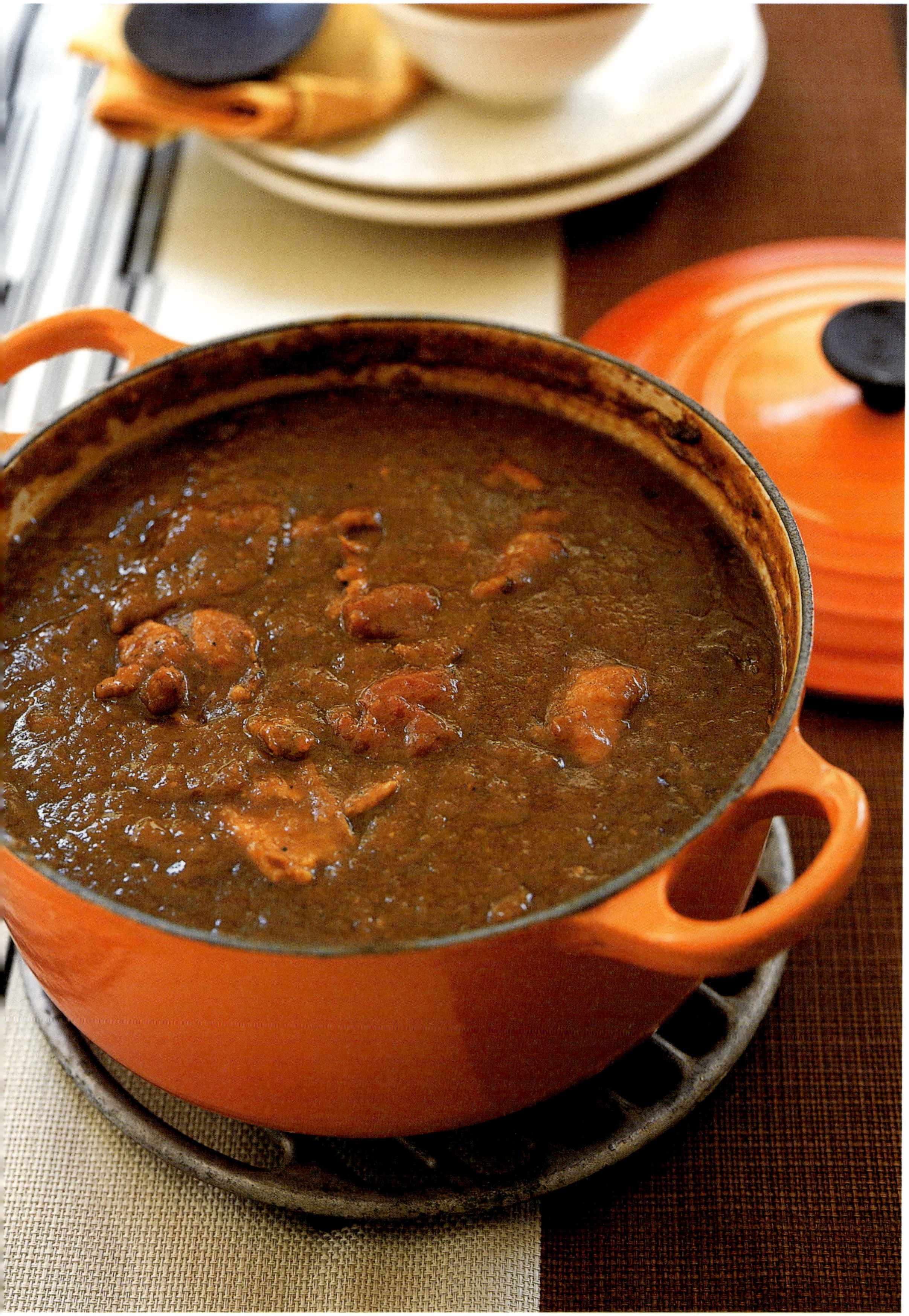

ココナッツ風味のタイ風リゾット

タイ風カレーは、市販のグリーンペーストとココナッツミルクを使えば、意外に手軽に作れます。
さわやかな色と鮮やかな野菜が、テーブルを華やかにしてくれます。
ル・クルーゼで炊いたリゾットにかけていただきます。

●材料（4人分）
グリーンカレー
　いか……1ぱい
　えび（むき身）……大6尾
　赤ピーマン……2個
　緑ピーマン……1個
　オクラ……4本
　ブロッコリー……1/2株
　ヤングコーン……8本
　にんにく……1片
　レモングラス（下部10cmくらいのところ）
　　……1本
　サラダオイル……大さじ1
　水……400cc
　グリーンカレーペースト（市販品）
　　……大さじ2～3
　ココナッツミルク……50cc
　塩……小さじ1/2
　砂糖……小さじ2
　ナンプラー……大さじ1
水溶き粉
　A [薄力粉……大さじ1
　　　水……大さじ1
リゾット
　米……2カップ
　フュメドポアソン（市販の魚のだし）
　　……小さじ2
　水……800cc
　オリーブオイル……大さじ1
香菜……適宜
ライム……適宜

●作り方
（カレーを作る）
1. いか、えび、ピーマン、ヤングコーンはひと口大に切る。オクラは1/3の長さに、ブロッコリーは小房に分ける。
2. にんにく、レモングラスはみじん切りにしておく。
3. 鍋にサラダオイルを熱し、にんにくを炒め、レモングラスも加える。いか、えびも加え炒める。えびの色が変わったら、分量の水400ccを入れる。
4. グリーンカレーペースト、ココナッツミルクを入れ、塩・砂糖、ナンプラーで調味し、1の野菜を入れ、中火で15～20分ほど煮る。野菜がやわらかくなってきたら、Aの水溶き粉でとろみをつける。
（リゾットを炊く）
5. 鍋にオリーブオイルを熱し、米を炒め、分量の水とフュメドポアソンを入れる。
6. 沸騰したら、火を弱めて20～25分煮て、火からおろし、5～10分蒸らす。
（仕上げ）
7. 6のリゾットを皿に盛り、上から4のカレーをかける。香菜とライムを飾る。

市販のグリーンカレーペーストを使って、エスニックな味をつけます。今は大手のスーパーなら、エスニックの食品が手軽に購入できます。

にんにくとレモングラスを炒めて、さわやかな香りを出します。

Message

タイ米のごはんやナン、めん類にも合います。いろんな主食と組み合わせて、食べてみてください。

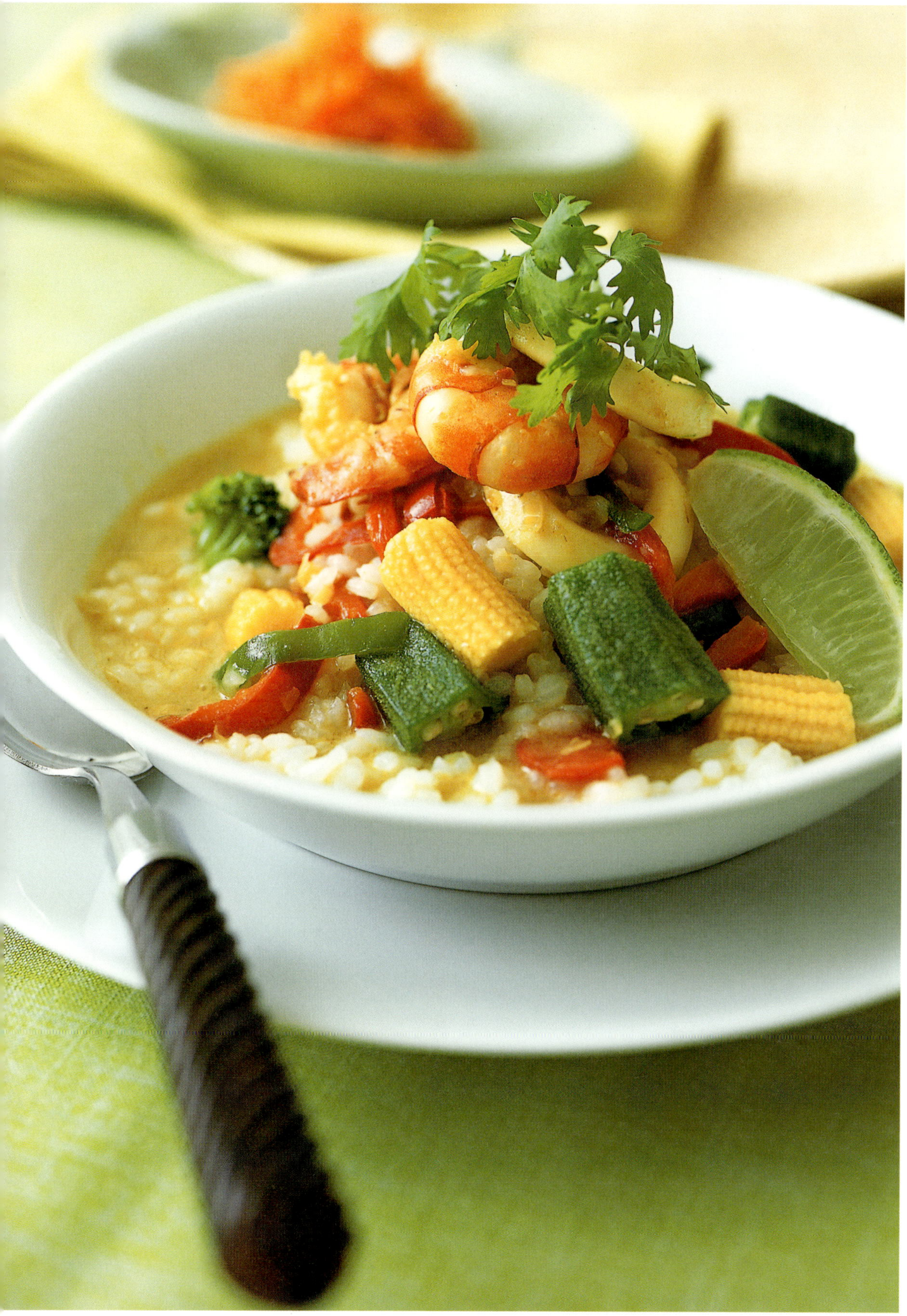

フルーティーローストポーク

ブロックのポークを、かんきつ類や黒酢、八角の入ったたれにつけ込み、
ル・クルーゼの鍋でじっくり焼き上げました。オーブンで仕上げるので、
自然な甘みのジューシーなローストポークが出来上がります。南国ムード漂う華やかなメーンディッシュです。

●材料（4人分）
豚ばら肉ブロック……400g
塩・こしょう……適宜

A
- しょうゆ……大さじ4
- 黒酢……大さじ4
- トマトケチャップ……大さじ3
- オイスターソース……大さじ1
- ごま油……小さじ2
- はちみつ……大さじ3
- 八角……1個

B
- レモン……1/4個
- オレンジ……1/2個
- しょうが……1片
- にんにく……小さじ1/2
- 玉ねぎ……大さじ2（15g）
- 黒こしょう……5粒
- ローリエ……1/2枚

マンゴー……1個
パイナップル……2/3個（160g）
香菜……適宜
ねぎ……適宜

●作り方

1. Aの材料をボウルに入れ、泡立て器で混ぜ合わせる。
2. Bの材料の下ごしらえをする。レモン、オレンジ、しょうがは薄切りに、にんにく、玉ねぎはみじん切りにする。こしょうは粗くつぶす。このBの材料をすべて合わせ、さらに1と混ぜ合わせる。
3. 肉は味がしみこむように、脂面に5mm間隔で切れ目を入れておく。
4. 肉に軽く塩・こしょうをしてバットなどに入れ、2の調味液を全体にまぶしつける。これを半日から1日つけ込む。途中ひっくり返して味をしみこませる。
5. 肉の脂面を上にして鍋に入れ、焦げないようにオレンジを上にのせて表面を覆い、4の調味液を入れる。180度のオーブンで1時間半焼く。途中、ひっくり返すとよい。
6. 竹ぐしを刺してみて、肉がやわらかくなったら取り出し、12等分に切る。
7. マンゴー、パイナップルは薄切りにして器に盛り、切った肉をのせ、香菜と、細切りにしたねぎを飾る。まわりから5の煮汁のソースをかける。

肉に切れ目をつけるときは、脂面に5mm間隔で赤身に届くぐらいまでの深さに切ります。こうすることで、つけ汁の味がしみこみやすくなります。

鍋に肉を入れ、このように肉全体を隠すようにオレンジをのせます。

Arrangement

花巻に挟んで、中華風バーガーとしていただいてみては？ パーティーの翌日のランチには、こんな手軽なメニューがいいですね。

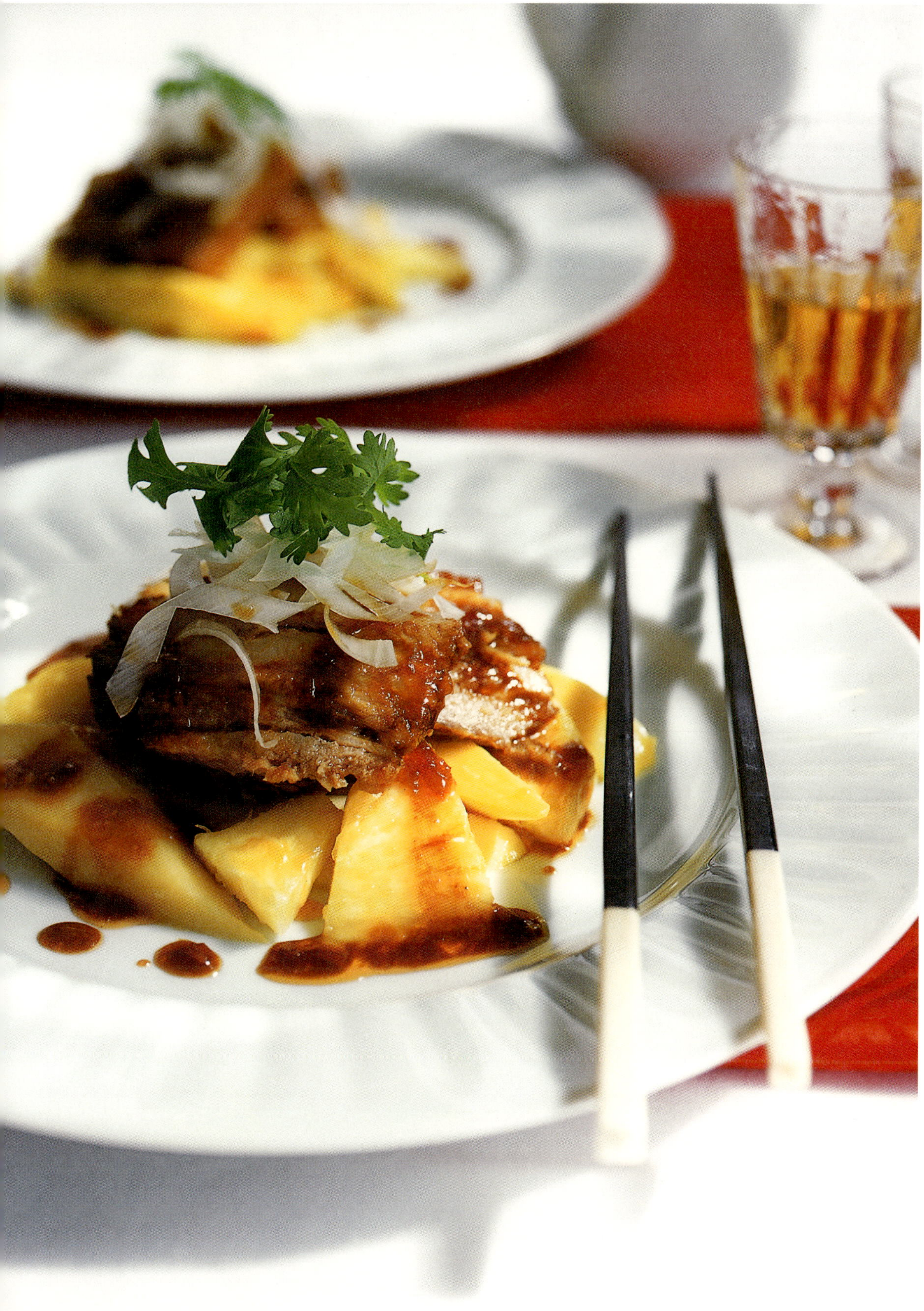

ナンプラー風味の五色きんぴら

ナンプラーはエスニック料理を作るときに、常備したい調味料のひとつ。
このナンプラーを使い、ピリ辛のきんぴらを作ってみました。
ル・クルーゼで炒めることで、味がしっかりしみ込み、本格的な風味が楽しめます。はし休めとして、おすすめです。

●材料（4人分）
豚もも肉……90g
にんじん……1/2本（60g）
れんこん……1節（60g）
ごぼう……1/3本（100g）
さやいんげん……10本（70g）
オリーブオイル……大さじ1

A
- 水……300cc
- きび砂糖……大さじ1
- にんにく（すりおろし）……小さじ2
- ナンプラー……大さじ3
- 粉唐辛子……小さじ1

ナッツ類……適宜
香菜……適宜

●作り方
1. 豚肉は4～5mm幅の拍子切りに、にんじん、れんこん、ごぼうは2～3mm厚の細切りにする。
2. 鍋にオリーブオイルを熱し、豚肉、にんじん、れんこん、ごぼう、さやいんげんの順で炒める。
3. Aの調味料を加えて、弱火で7～8分煮込む。
3. 火を強くして水分をとばし、味をしみ込ませる。
4. 器に盛りつけ、きざんだナッツ類をのせ、香菜を飾る。

肉を炒めたあとは、にんじん、れんこん、ごぼう、いんげんと硬い野菜から順に炒めていく。

調味料を入れ、2～3分。まだ汁けがある。
7～8分炒めると、水けがなくなり、具にしっかりと味がつく。

Message

ナンプラーは、タイを代表する調味料で、小魚を塩づけにし、発酵させた上澄みを熟成させたものです。いつもの料理にナンプラーを少し加えただけで、あっという間にエスニックな味に大変身します。日本のしょうゆと同様、煮物や炒め物、ステーキ、サラダなどさまざまな料理に使えますよ。

中華風おこわ

ル・クルーゼでおこわを作る場合は、ごはんより少々時間をかけて、弱火でじっくり炊きあげましょう。
鶏やしいたけの味がしみ込んで、コクのあるおこわに仕上がります。
ささの葉にくるんで、ワンランク上の演出を。

●材料（6人分）
もち米……3カップ
┌ 豚もも肉……100g
│ 鶏もも肉……100g
│ たけのこ……50g
│ 干ししいたけ……4枚
└ サラダオイル……大さじ1
　┌ お湯……50cc
　│ 鶏ガラスープ（顆粒）……小さじ1
A │ しょうゆ……大さじ2
　│ 日本酒……大さじ1
　└ ごま油……小さじ2
サラダオイル……大さじ1
干しえび……10g
栗（甘煮缶）……6個
うずらの卵……6個
　┌ 砂糖……小さじ2
　│ 塩……小さじ1
B │ しょうゆ……大さじ1
　│ お湯……600cc
　└ 鶏ガラスープ（顆粒）……大さじ1
ささの葉……適宜

●作り方
1. もち米はたっぷりの水にひと晩つけて、ザルにあげ、水けをきっておく。
2. 豚肉は2cm角、鶏肉はひと口大、たけのこは1cm角に切る。干ししいたけは、1/4の大きさに切る。
3. 鍋にサラダオイルを入れ、2の材料をすべて炒める。
4. 3にAの調味料を入れ、水分がなくなるまで、中火で炒め、具を取り出す。
5. 4の鍋にサラダオイルを入れて熱し、もち米を入れ炒める。取り出した4の具と、みじん切りにした干しえびも加えて混ぜる。
6. さらに、栗とゆでたうずらの卵、Bのスープを加えて混ぜる。
7. 一度沸騰させてから、弱火で30〜35分火にかけ、炊いていく。火を止めて、5分蒸らして全体を混ぜる。ささの葉を巻いて器を作り、その中におこわを入れれば、おしゃれに。

鍋に具と調味料を入れて炒める。炒めはじめの水分量はこのくらいです。

このように水分がとんで、鍋底が焦げはじめたら、具を取り出します。

鶏のおかゆサムゲタン風

鶏骨つきもも肉を使ったコラーゲンたっぷりのおかゆです。
女性はもちろん、日ごろ疲れがたまっている男性にもおすすめの一品です。
ル・クルーゼなら、煮こぼれることもなく、初心者でも簡単に作れます。

●材料（4人分）
もち米……1カップ
水……1600cc
鶏骨つきもも肉……500g
しょうが（薄切り）……1片分（10g）
塩……小さじ1弱
くこの実……少々
松の実……少々
長ねぎ（白髪ねぎにする）……適宜
糸唐辛子……適宜
香菜……適宜

●作り方
1. もち米はひと晩水に浸しておく。
2. 鍋に1の水けをきったもち米と、分量の水を入れる。
3. 鶏肉、しょうがの薄切りを入れ、弱火で1時間ほど煮込む。
4. しんが残っていないで、やわらかいおかゆになっていればOK。最後に、塩を入れ味を調える。
5. 器に盛り、くこの実、松の実、長ねぎ、糸唐辛子を添え、香菜を飾る。

鍋に水ともち米、鶏と調味料を入れて1時間ほど煮るだけ。簡単だからこそ、鍋の良さで仕上がりが変わってきます。

Message

サムゲタンは、韓国の煮込み料理のひとつで、若鶏のおなかの中にもち米やにんにく、なつめ、にんじんを入れて長時間煮込んだもの。今回は簡単に作れるよう、簡略化してレシピを作りました。

このようにとろっとやわらかくなっていれば上出来です。

わたりがにと春雨の蒸し煮

冷凍のわたりがにを使ったちょっとぜいたくな一品。
オイスターソースと煮込むので、しっかりした味つけに。ごはんにかけても、おいしいですよ。
ル・クルーゼならスピーディーに作れるので、時間がないときに便利です。

●材料（4人分）
わたりがに……1ぱい
A[日本酒……大さじ1
　 片栗粉……大さじ2]
春雨……60g
長ねぎ……½本
白菜……2枚（100g）
赤唐辛子……1本
にんにく（みじん切り）……小さじ1
しょうが（みじん切り）……小さじ1
サラダオイル……大さじ4
水……300cc
A[オイスターソース……大さじ2½
　 しょうゆ……大さじ3
　 砂糖……大さじ1弱
　 こしょう……少々
　 ごま油……大さじ1]
水溶き片栗粉
B[水……大さじ2
　 片栗粉……大さじ1弱]

●作り方
1. かには、はさみを切り落とし、甲羅を外して、ガニと砂袋を取り除いてよく洗い、ひと口大のぶつ切りにする。
2. かには酒と片栗粉をまぶしておく。
3. 春雨はぬるま湯につけてもどし、適当な長さに切る。長ねぎは3〜4cmの斜め切り、白菜は3〜4cmのざく切りにしておく。にんにく、しょうがはみじん切りで、唐辛子は種を取り、輪切りにしておく。
4. 鍋にサラダオイルを熱し、かにを入れて焼きつけておく。表面が赤く色づいたら、一度取り出す。
5. 4の鍋ににんにく、しょうが、赤唐辛子を入れて炒める。
6. 香りがついたら、分量の水を注ぎ、かに、春雨、長ねぎ、白菜、Aの調味料を入れてふたをし、2〜3分煮る。
7. Bの水溶き片栗粉でとろみをつける。出来上がり。

かにを切るときは、はさみを使うと便利。下ごしらえを省くなら、すでに切ってあるかにを購入してもいいでしょう。

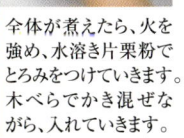

全体が煮えたら、火を強め、水溶き片栗粉でとろみをつけていきます。木べらでかき混ぜながら、入れていきます。

カレーワンタンスープ

カレー粉とココナッツミルクで作ったカレースープに、えびのすり身を包んだワンタンを入れました。
手早く作れるのに、保温性の高いル・クルーゼで仕上げるので、
いつまでも冷めずに、おいしく召し上がっていただけます。

●材料(4人分)
えび(殻つき)……10尾
干ししいたけ……3枚
しょうが……小さじ1
セロリ……1/3本
長ねぎ……1/4本
ゆでたけのこ……1/2個
A ┌ 塩……少々
  │ こしょう……少々
  │ ごま油……小さじ1
  │ 日本酒……大さじ1
  └ 片栗粉……大さじ1
ワンタンの皮……30枚
B ┌ 水……2カップ
  └ コンソメ……大さじ1/2
カレー粉……大さじ2
ココナッツミルク(缶詰)……1/2缶
ナンプラー……大さじ2
塩・こしょう……少々
ミント……適宜

●作り方
1. えびは殻と尾を取り、粗いみじん切りにしておく。
2. 干ししいたけはもどしてみじん切りに、セロリは筋を取って、粗いみじん切りにする。長ねぎ、ゆでたけのこ、しょうがもみじん切りにしておく。
3. 1と2の具を合わせ、Aの調味料を加えて、粘りが出るまでよく混ぜる。
4. ワンタンの皮に、3を小さじ1ずつのせて、包む。水をしっかりつけて留める。
5. 鍋に、Bを入れて中火にかけ、カレー粉を溶かして、ココナッツミルクを加えて溶きのばし、さらにナンプラー、塩、こしょうも加えておく。
6. 別の鍋に湯を沸かし、4のワンタンを入れてゆで、浮いてきたら器に入れる。
7. 器に5のスープをそそぎ、ミントをのせる。

ワンタンの具は、手でよくかき混ぜること。このように粘りが出てくるまで混ぜます。

皮は、三角に包みます。両端を押さえて、しっかりと水で留めます。

かにとにがうりのとろみスープ

にがうりの苦みが苦手‥という人も大丈夫。にがうりは塩でよくもむこと、
スープは貝柱でうまみを出すこと、かにと卵白でとろりとした食感をつくること、など食べやすい工夫をしました。
このひと皿でビタミンCをたっぷりとりましょう。

●材料(6人分)
かにの缶詰(たらばがに)
　　……大1/2缶(70g)
にがうり……1/2本
塩……大さじ1/2
[干し貝柱……3個
[熱湯……500cc
水……500cc
鶏ガラスープ(顆粒)……大さじ1 1/2
日本酒……大さじ1
塩・こしょう……少々
水溶き片栗粉
A [水……大さじ2
　 [片栗粉……大さじ1 1/2
B [卵白……1個分
　 [水……大さじ1
ねぎ油(市販品)……小さじ1 1/2

●作り方
1. 干し貝柱は分量の熱湯に入れてもどし、ほぐしておく。もどし汁はとっておく。
2. にがうりは縦半分にしてスプーンで種やわたを取り、薄切りにする。塩をふってもんで、苦みを取る。最初はかるく混ぜ、しんなりしてきたら力を入れるのがコツ。水でよく洗っておく。
3. かには缶から出し、身をよくほぐしておく。
4. 鍋に分量の水と干し貝柱のもどし汁を入れ、火にかけて鶏ガラスープを加え、よく溶かす。
5. にがうりとかにを加え、酒を入れ、塩・こしょうをする。
6. 沸騰したら、アクを取り、Aの水溶き片栗粉でとろみをつける。最後にBの卵白と水を混ぜて加え、3秒ほどそのままにしたあと、全体を混ぜ合わせる。仕上げにねぎ油をかける。

スープの仕上げの最後に、卵白を入れましょう。入れたら、3秒待ちます。

3秒待って、勢いよくかき混ぜると、ご覧の通り、とろりとしたやさしいスープが出来上がります。

にがうりは、始め塩をかるく混ぜ、しんなりしてきたら、力強く塩もみして、苦みを取ります。

Message

沖縄ブームにのって今では手に入りやすくなったにがうりは、その独特の苦みに栄養価がたっぷり含まれています。おいしく料理することで、体も健康になれれば、うれしいですね。

黒ごま風味の中華肉じゃが

黒ごまペーストを加えれば、いつもの肉じゃがが中華風に仕上がります。
不思議と、お味も一新！　濃厚で芳ばしい味つけになります。
ル・クルーゼで作る肉じゃがは、いものホクホク感が違うので、ぜひ試してみてください。

●材料（4人分）
じゃがいも（男爵）……大4個
玉ねぎ……1個
牛もも肉（薄切り）……250g
しょうがのすりおろし汁……小さじ1
水……450cc
砂糖……大さじ2・1/2
しょうゆ……大さじ3
黒ごまペースト……大さじ2
ごま油……小さじ1/2
しょうが……適宜
長ねぎ……適宜
赤ピーマン……適宜
香菜……適宜

●作り方
1. じゃがいもは皮をむいて4つまたは6つ割りにしておく。煮くずれないように、面取りをして、水にさらしておく。
2. 玉ねぎは5cm厚のくし形切りに、牛肉は3〜4cmの長さに切る。
3. 鍋に、水けをきったじゃがいも、玉ねぎを入れ、しょうがのおろし汁を加え、分量の水を注ぎ、中火にかける。煮立ったら火を弱め、アクをすくいながら2〜3分煮る。
4. 砂糖の半量を加えてさっと煮て、しょうゆの半量も加え、さらに2〜3分煮る。
5. 牛肉を加え、アクを取りながら肉に火を通す。残りの砂糖を入れ、4〜5分煮て残りのしょうゆも加える。煮汁で溶いた黒ごまペーストを加え、ふたをして弱火で10分煮る。ふたを取り、火を強めて水分をとばす。
6. ごま油をまわしかけ、細切りにしたしょうが、長ねぎ、赤ピーマン、香菜を飾る。

砂糖は2回に分けて入れましょう。味がしみこみやすく甘さが引き立ちます。

たっぷりの黒ごまペーストを入れてかき混ぜます。芳ばしい香りが食欲をそそります。

＼ 信太流おもてなし術 ／

シンプルで飾り立てない
私流のおもてなしコーディネート

　最近は、おもてなしのテーブルを、あまり飾り立てず、シンプルにコーディネートをするよう心がけています。豪華な花よりグリーンをさりげなく置いたり、布ナプキンではなくペーパーナプキンを使ったり…。そんなカジュアルなおもてなしのほうが、ゲストも、そしてサービスする側も心地よく過ごせるのではないかと、思うようになってきました。

　お皿は大半を白にしています。デザインもあまり凝ったものではなく、上質でシンプルな物を選んでいます。また、お出しするカトラリーはシルバーに統一しています。何より、料理が映えるお皿やカトラリーが好きです。

　好きな物と言えば、グリーンの葉っぱが大好きです。葉っぱ模様のお皿や部屋の照明など身のまわりには、葉っぱ形の物がいっぱい。今は名刺にまで葉っぱがついています。やはり、素朴で安らげるところに魅力を感じるのでしょう。

　おもてなしのコーディネートも同様。肩ひじ張らずに、自然体でくつろげる、集まってくださった方が楽しい時間を共有できる…そんな場を演出できたらと思っています。

グリーンの植物が大好きで、数は少ないのですがアイビーやハーブなどを庭で育てています。最近はグリーンを飾ることが多くなりました。

この葉っぱの照明、一目見て気に入りました。家の中でもさりげなく目立つ場所に置いています。アメリカからの輸入品のよう。

chapter3 French&Italian table style

フレンチ＆イタリアンのいいとこどり

　サロン形式の料理教室を開いて7年になります。毎回のメニューは、料理を2品とお菓子を2品。お教室を始めて以来、まだ同じメニューをお出ししたことはありません。いつも新鮮で、今の感覚に合った料理を、みなさんに覚えて欲しいからです。

　料理は、主にフレンチやイタリアンをアレンジしてレシピを考えています。お教室を始めることになって、増え続けているのが「ル・クルーゼ」のお鍋です。なぜって、フランスやイタリアの料理には欠かせないキッチンアイテムだからです。

　フランスでは、友人のお宅に招かれることが何度かありましたが、そのキッチンをのぞいてみると、必ずホウロウのお鍋がありました。コトコト煮込んだり、素材を生かして蒸し煮にしたり、オーブンで焼いたり‥フランス料理には、ル・クルーゼのような重いホウロウ鍋が一番便利なのです。

　この鍋を使って、さまざまな家庭料理が作られていました。オイルサーディンやベッコフ、貝のマリニエール、豆のソーセージ煮込みなど。これらはおもてなしにも最適な料理です。本場の料理を本場のお鍋で作れば、おいしくないわけがありません。この章では、ル・クルーゼの底力が実感できる、そんなレシピをご紹介しましょう。

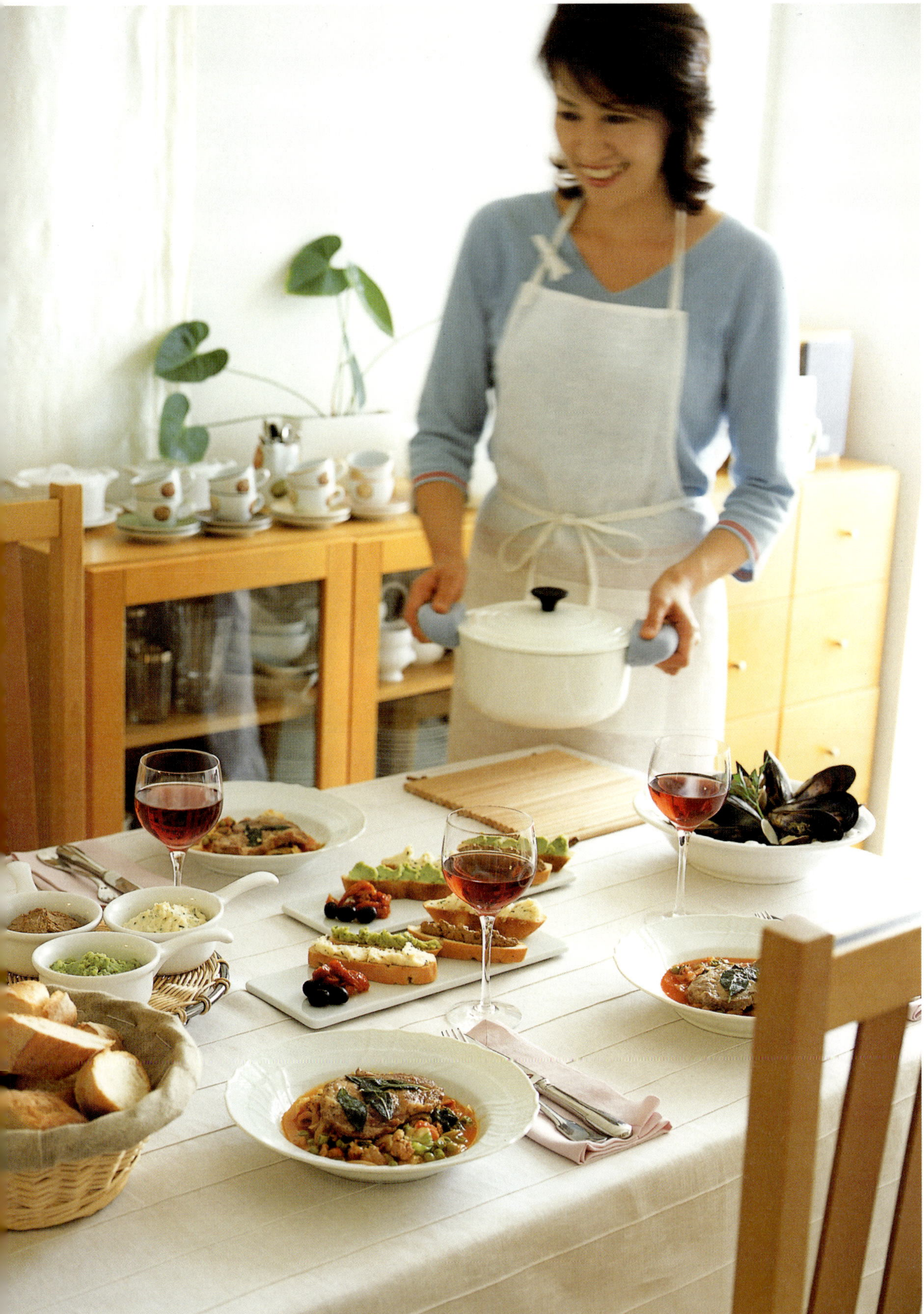

ラタトウユ

季節の野菜にかじきまぐろを加えた、オリジナルのラタトウユは栄養たっぷり。
ル・クルーゼなら、野菜のうまみが凝縮され、
普通の鍋とはひと味違うコクが出ます。オムレツやパスタなどにかけても美味です。

●材料(4人分)
かじきまぐろ……3枚
玉ねぎ……大1個(200g)
赤ピーマン……大1/2個(60g)
黄ピーマン……大1/2個(100g)
ズッキーニ……1本(200g)
なす……3個(250g)
トマト……中4個(650g)
オリーブオイル……大さじ3〜4
にんにく(みじん切り)……大さじ1
塩・こしょう……少々
赤唐辛子……1本
タイム……適宜

●作り方
1. かじきまぐろはひと口大に切っておく。
2. 玉ねぎ、ピーマンはひと口大に切り、なす、ズッキーニは1cm幅の輪切りにする。トマトは湯むきし、粗く刻んでおく。
3. 鍋に大さじ1のオリーブオイルを熱し、にんにくのみじん切り、赤唐辛子、タイム、玉ねぎを入れ、中火で炒める。全体に火が通ったら、かじきまぐろを加える。
4. さらに、ピーマン、なす、ズッキーニを順に、鍋に入れ、少しずつオリーブオイルを足しながら、炒めていく。塩・こしょう少々をふり、刻んだトマトを加える。
5. 塩・こしょうを加えてふたをし、弱火で20分煮、水分が多いようならふたをはずし強火にして7〜8分煮詰める。
6. 煮上がったら、皿に盛り、タイムを飾る。

トマトは十字に切れ目を入れて、フォークで刺して、熱湯に20〜30秒ほどつけます。つるんと皮をむくことができます。

トマトを入れたら、よく混ぜ合わせ、調味料を入れてふたをします。水分量をみながら、煮ていきます。

Arrangement

干しぶどう入りクスクスのラタトウユ添え

「ラタトウユ」は、クスクスのソースとしても利用できます。
クスクスは、電子レンジで簡単にゆでてしまいましょう。忙しいパーティーには最適です。

●材料(4人分)
ラタトウユ……4人分
┌ クスクス……50g
└ 湯……100cc
┌ サルタナレーズン……60g
└ 湯……適量

●作り方
1. レーズンは適量のお湯につけ、もどし、水けをきっておく。
2. 耐熱性のボウルにクスクスと1/3量の湯を入れてかるく混ぜ、ラップでふわっとふたをして、電子レンジで1分間加熱する。
3. 2の残り湯半量を加えて混ぜ、ラップをかけ、さらに45秒電子レンジで加熱する。食べてみてサラサラしていればOK(べっとりしているようならもう一度、電子レンジで10秒加熱する)。さらに残りのお湯を入れ、ラップをかけて電子レンジで30秒加熱する。
4. 大きめのボウルに移し替え、うちわであおぎながら、木べらで混ぜ冷まし、クスクスをサラサラに仕上げる。
5. 4と1のレーズンを混ぜ合わせ、冷蔵庫で冷やしたあと、器に盛る。「ラタトウユ」といっしょにいただく。

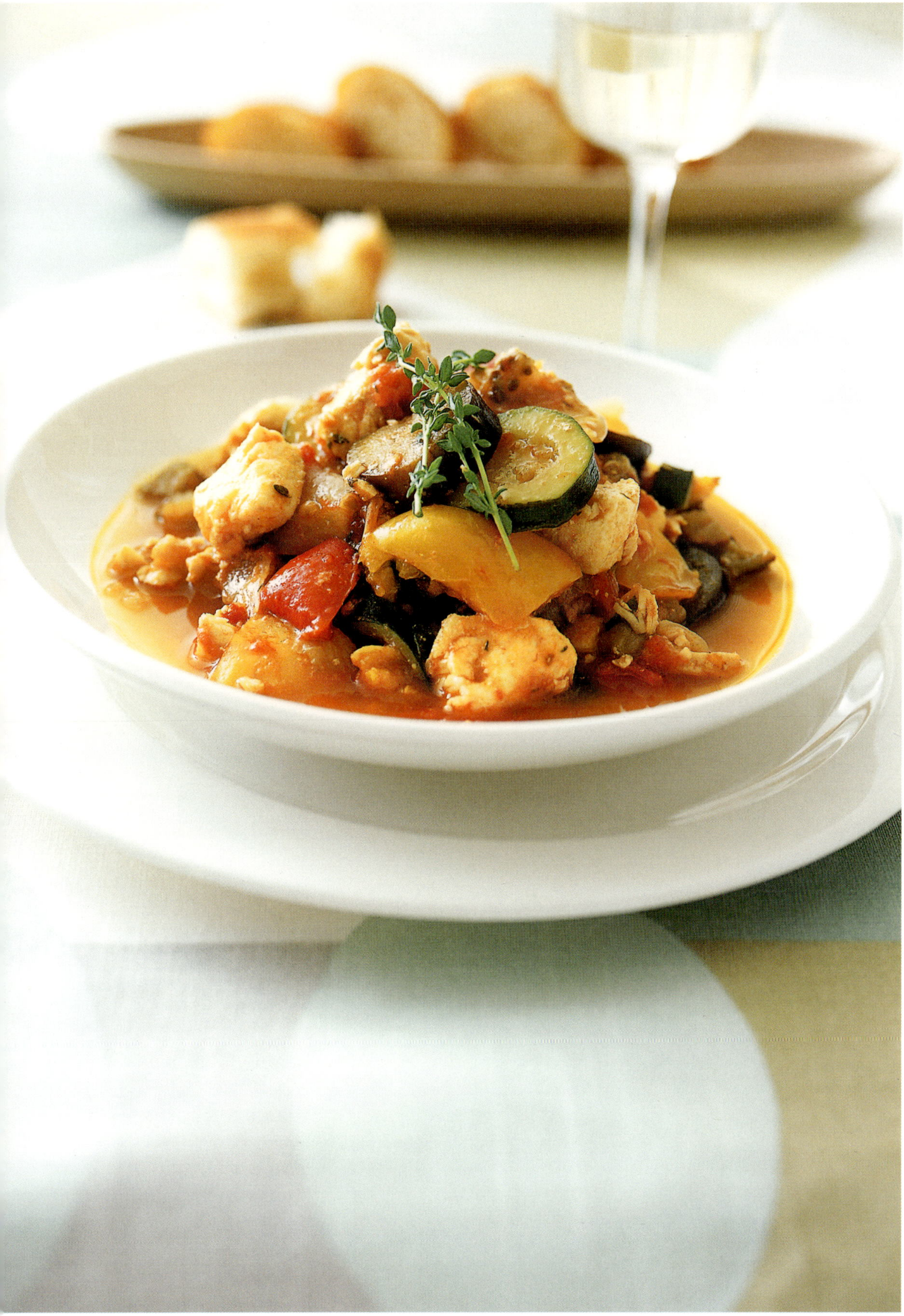

自家製オイルサーディン

フランスでは保存食として、どの家でも作るポピュラーな料理です。
ル・クルーゼなら、材料を入れてオーブンにかけるだけで、意外に簡単に作れます。
いわしが丸ごと食べられるので、メーンディッシュにしてもいいでしょう。

●材料（4人分）
いわし……4尾
塩……大さじ1/2
こしょう……適宜
パセリの軸……適宜
にんにく（半割り）……2片
ローリエ……2枚
赤唐辛子……1本
サラダオイル……適量
じゃがいものソテー
　じゃがいも（メークイン）……2個
　オリーブオイル……大さじ1
　塩……適宜
　こしょう……適宜
サワークリームソース
　サワークリーム……60g
　牛乳……大さじ3
　ピクルス（マイユ）……10g
　ディル……適宜
　塩……小さじ1/3
ディル……適宜
レモン……1/2個

●作り方
1. いわしは頭をおとし、腹わたを取る。これをピチットシートで包み、40分ほどおいて水分を取る。
2. 鍋に1のいわしを並べ、少し強めに塩・こしょうをし、パセリの軸、にんにく、ローリエ、種を取った赤唐辛子を入れる。いわしが隠れるくらいひたひたに、サラダオイルを入れる。
3. 鍋を120度のオーブンに入れ、2〜2時間半たっぷりと煮る。にんにくが茶色になれば、いわしが煮えている目安になる。（じゃがいものソテーを作る）
4. じゃがいもは丸のまま電子レンジで7分くらい加熱し、皮をむいて7〜8mmの厚さにスライスしておく。
5. フライパンにオリーブオイルを入れて、4のじゃがいもをソテーして塩・こしょうで味を調える。（ソースを作る）
6. 室温にもどしておいたサワークリームに、牛乳、ピクルスとディルのみじん切りを加えてよく混ぜる。塩で味を調える。（仕上げ）
7. いわしはレンジで軽くあたため、250度ほどの高温のオーブンで5〜6分ほどこんがりとなるまで焼く。器にソテーしたじゃがいもを盛り、その上にいわしをのせてソースをかける。ディルとくし形切りにしたレモンを飾る。

ピチットシートに包むことで、水分だけではなく臭みや余分な血も吸い取ってくれます。

鍋の中に材料を並べたら、サラダオイルをひたひたになるまで、まんべんなくかけていきましょう。

Arrangement

オイルサーディンのグラタン

少し多めに作った「オイルサーディン」は、トマト風味のグラタンにしてみてはいかがでしょう。おもてなしの前菜としても喜ばれるはずです。

●材料（4人分）
オイルサーディン……4尾
トマト……6個
にんにく（みじん切り）……1片分
オリーブオイル……大さじ4
塩・こしょう……適宜
赤唐辛子……1本
パルミジャーノ……適宜
パセリ……少々

●作り方
1. トマトは湯むきし千切りにしておく。にんにく、パセリはみじん切りにしておく。
2. 鍋にオリーブオイルを熱し、種を取った赤唐辛子とにんにくを炒める。
3. 1のトマトを加え、塩・こしょうをして4〜5分煮て、トマトの汁をたっぷり出す。
4. 作っておいた「オイルサーディン」をペーパータオルの上にのせ、余分な油を落として、3の鍋に並べ、トマトソースと絡めておく。
5. グラタン皿にオイルサーディンとトマトソースをのせ、上からパルミジャーノをふり、250度のオーブン（上段）で10分ほどこんがりと焼く。仕上げにパセリをふる。

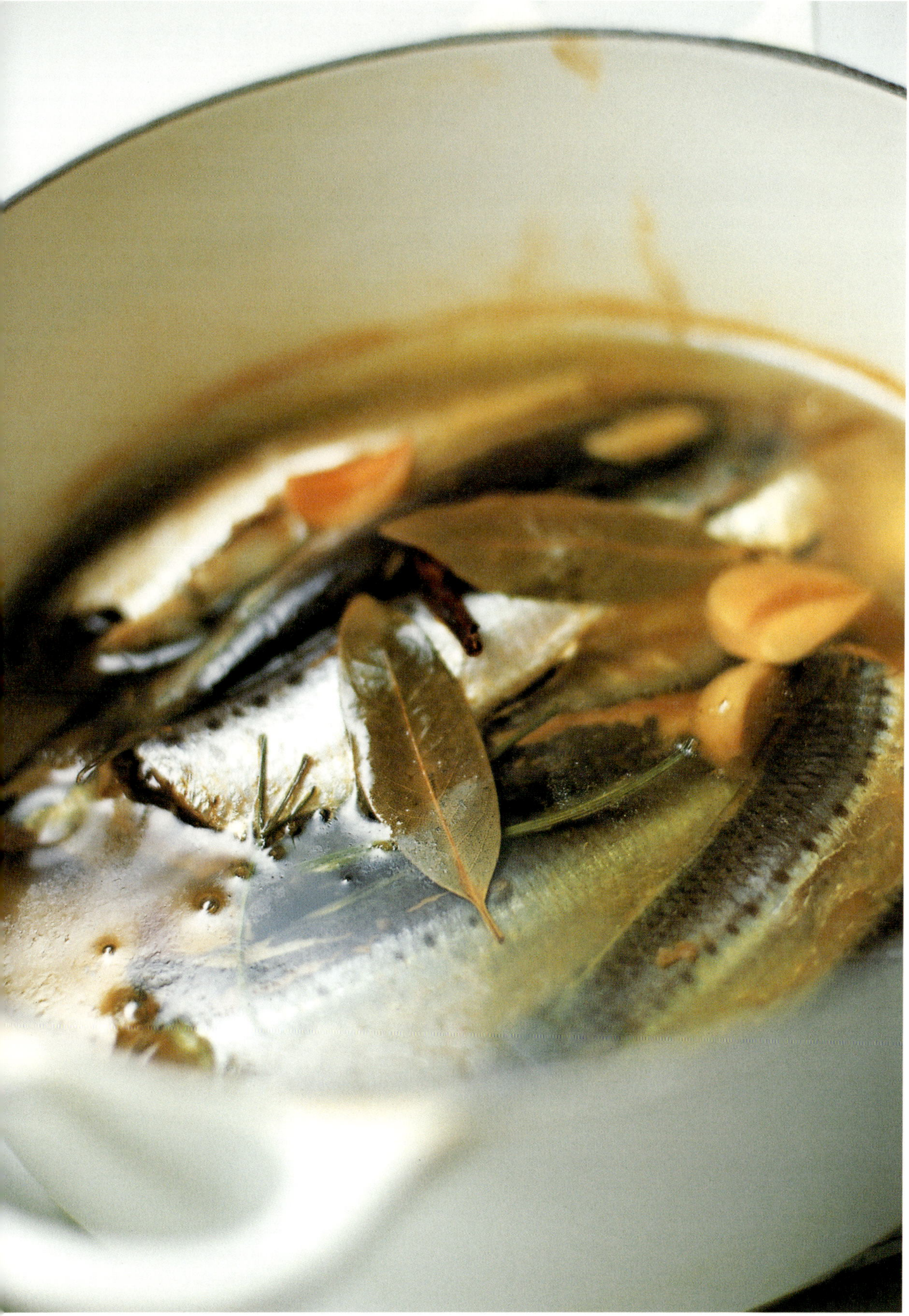

豚肩ロースのセージ風味 春野菜の蒸し煮添え

肉を焼くのも野菜を蒸すのも、ル・クルーゼひと鍋で行います。
肉のうまみ、野菜の甘さがル・クルーゼの中でミックスされ、栄養満点の味わい深いスープができます。
これをマスターすれば、煮込み料理に自信がつきますよ。

●材料(4人分)
豚肩ロース肉(約1cmの厚さ)……80g×4枚
塩・こしょう……適宜
薄力粉……大さじ1½
オリーブオイル……大さじ1〜2
バター……10g
セージ……20枚
白ワイン……30cc
春野菜の蒸し煮
　にんにく……1片
　ベーコン……2枚
　玉ねぎ……½個(100g)
　生ソーセージ……2本
　トマト……中2個
　オリーブオイル……大さじ2
　バター(炒め用)……10g
　セージ……10枚
　グリーンピース(冷凍)……60g
　白ワイン……50cc
　水……125cc
　コンソメ(顆粒)……大さじ1
　キャベツ……5枚(90g)
　レタス……6枚(90g)
　塩・こしょう……少々
　バター……20g
　黒こしょう……適量
　イタリアンパセリ……適宜

●作り方
1. 豚肉は塩・こしょうをし、薄力粉をまぶす。
2. 鍋にオリーブオイル、バターを熱し、豚肉を入れて上の面にセージ2〜3枚くらいずつをはりつける。焼き色が変わったら、ひっくり返し、残りのセージもはりつける。
3. 白ワインを加え、アルコール分をとばしたあと、焼き上がりを取り出す。
(野菜の蒸し煮を作る)
4. 材料の下ごしらえをしておく。にんにくはみじん切り、ベーコン、玉ねぎは5mm幅に切る。生ソーセージは皮をむいて8mmの輪切りに、トマトを湯むきをしてひと口大にしておく。
5. 豚肉を取り出した3の鍋に、オリーブオイルとバター10gを熱し、にんにく、ベーコンと玉ねぎを入れて炒める。香りが出てきたら、生ソーセージを加えてさっと火を通す。
6. セージと自然解凍したグリーンピースを加え、白ワインを入れてアルコール分をとばす。ひと口大に切ったトマトを加え、さらに強火で3〜5分煮る。
7. 分量の水とコンソメを加え、手でちぎったキャベツとレタスを加えて塩・こしょうで味を調え、最後にバターを入れる。
(仕上げ)
8. 器に7の野菜を盛りつけ、豚肩ロースを入れて、肉の上には肉汁をかけ、黒こしょうをふる。まわりにイタリアンパセリを散らす。

両面にセージをはりつけ、セージの香りを出しながら、焼いていきます。

トマトを入れたら、火を強めて水分をとばしていきます。

Arrangement

あさりのリゾット風

「春野菜の蒸し煮」のソースをスープにアレンジしました。
あさりを加えて味に深みをプラス。ランチならメインディッシュにもなりそうです。

●材料(4人分)
春野菜の蒸し煮……上記の半量
A ┌ あさり(殻つき)……1パック(約200g)
　├ 水……150cc
　└ コンソメ(顆粒)……小さじ1
バター……少々
炊きたてごはん……4人分
オリーブオイル……少々
パセリ……適宜
●作り方
1. 炊きあがったごはんにオリーブオイルをまぶす。
2. 鍋にAの材料を入れて火にかけ、沸騰させて身と汁とを分けておく。
3. 鍋に2の汁と「春野菜の蒸し煮」を入れてあたためる。仕上げにあさりも殻ごと加え、バターでコクをつける。
4. 1のごはんをプリンカップに詰めて皿に盛り、まわりに3のスープをかける。みじん切りにしたパセリを飾る。

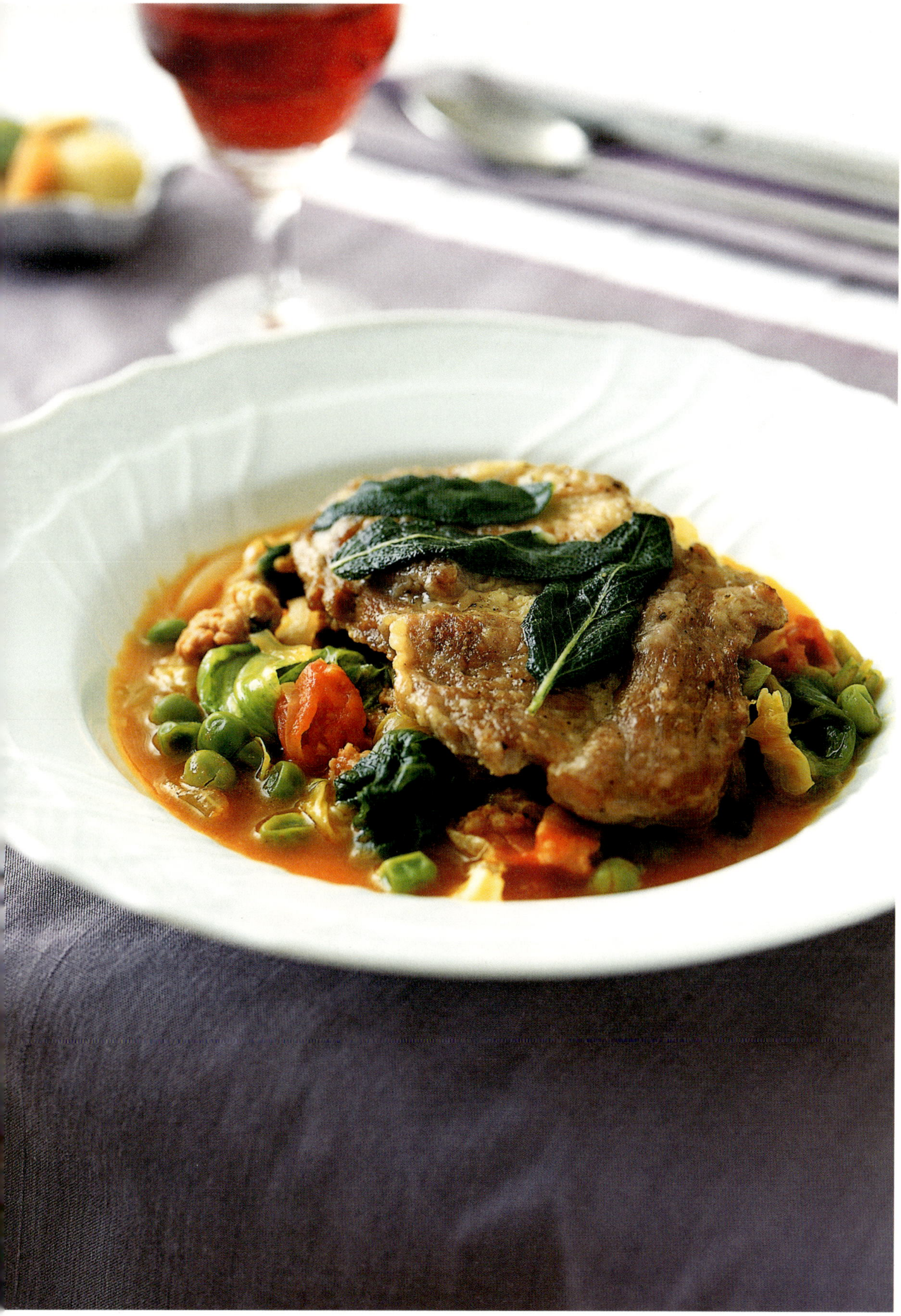

ポークソテー 玉ねぎとピクルスのソース添え

フランスの家庭では、必ず登場するポピュラーな料理です。
トマトとピクルスをベースにした甘酸っぱいソースは肉のソテーはもちろん、マッシュポテトやごはんにも合います。
ピクルスは甘みを抑えたマイユを選びましょう。

●材料(4人分)
豚ヒレ肉……100g×4枚
　塩・こしょう……適宜
　薄力粉……適宜
オリーブオイル……大さじ1
バター……15g
エシャロット(みじん切り)……大さじ2
玉ねぎ……1個
トマト(角切り)……大1個
トマトペースト……大さじ1
白ワイン……50cc
白ワインビネガー……大さじ1弱
フォンドヴォー(缶詰)……1缶(240cc)
水……160cc
コンソメ(顆粒)……大さじ1
ピクルス(マイユ)……18本
ブールマニエ
　バター……大さじ1
　薄力粉……大さじ1
マッシュポテト
　じゃがいも……2個
　A　生クリーム……100cc
　　　牛乳……100cc
　バター……大さじ1
　パルミジャーノ……少々
　塩・こしょう……少々
クレソン……適宜

●作り方
1. 豚肉は、塩・こしょうをし、茶こしで両面に薄力粉をふっておく。これがソースのとろみになる。エシャロットはみじん切り、玉ねぎは3mm幅のスライスにしておく。
2. 鍋を熱し、オリーブオイルを加え、1の肉を並べる。中火よりやや弱火で、両面を焼いて、一度取り出す。鍋は焦がさないように注意する。
3. 2の鍋にバターを熱し、エシャロットを炒め、次に玉ねぎを加えてしんなりするまで10分ほど弱火で炒める。鍋底のうまみをこそげとるように炒める。
4. 角切りのトマトも加えて炒め、水分をとばしてトマトペーストも加える。
5. 白ワイン、フォンドヴォー、分量の水、コンソメを加え、2で取り出した肉をもどし、斜めに輪切りしたピクルスを加える。ふたをしないで、中火よりやや弱火で15〜20分、水分をとばしながら煮ていく。その後、ふたをして弱火で5分煮込む。
6. とろみが弱いようなら、もう一度肉を取り出し、ブールマニエを加えとろみをつけて、肉をもどし、白ワインヴィネガーを加え、あたためて出来上がり。
(マッシュポテトを作る)
7. じゃがいもは6等分に切り、皮をむいてゆでる。鍋にもどしてふたをして粉ふきいもにして、裏ごしをする。別の鍋にAを入れて、沸騰させいもを加え木べらで練る。塩・こしょうで味を調え、パルミジャーノを加え、火を止めてバターを混ぜる。時間が経つと硬くなるので、この時点では、ゆるめにしておく。
(仕上げ)
8. 7のポテトは食べる前に、練りながらあたため、ちょうどよい硬さにする。
9. 皿に肉をのせ、ソースをかけて、スプーンでマッシュポテトを盛り、クレソンを飾る。

マッシュポテトは、時間が経つとかなり硬くなるので、このようにゆるめに作っておきましょう。

肉は両面よく焼いて、ときどきオイルをかけながら均一に焼いていきます。

Message

このピクルスソースで、ロールキャベツを煮込んでも、おいしいですよ。ひき肉にみじん切りのベーコンやきのこを混ぜて、ちりめんキャベツで包みます。これをソースと一緒にル・クルーゼで煮込みます。オーブンで仕上げると、さらにコクが出てきます。

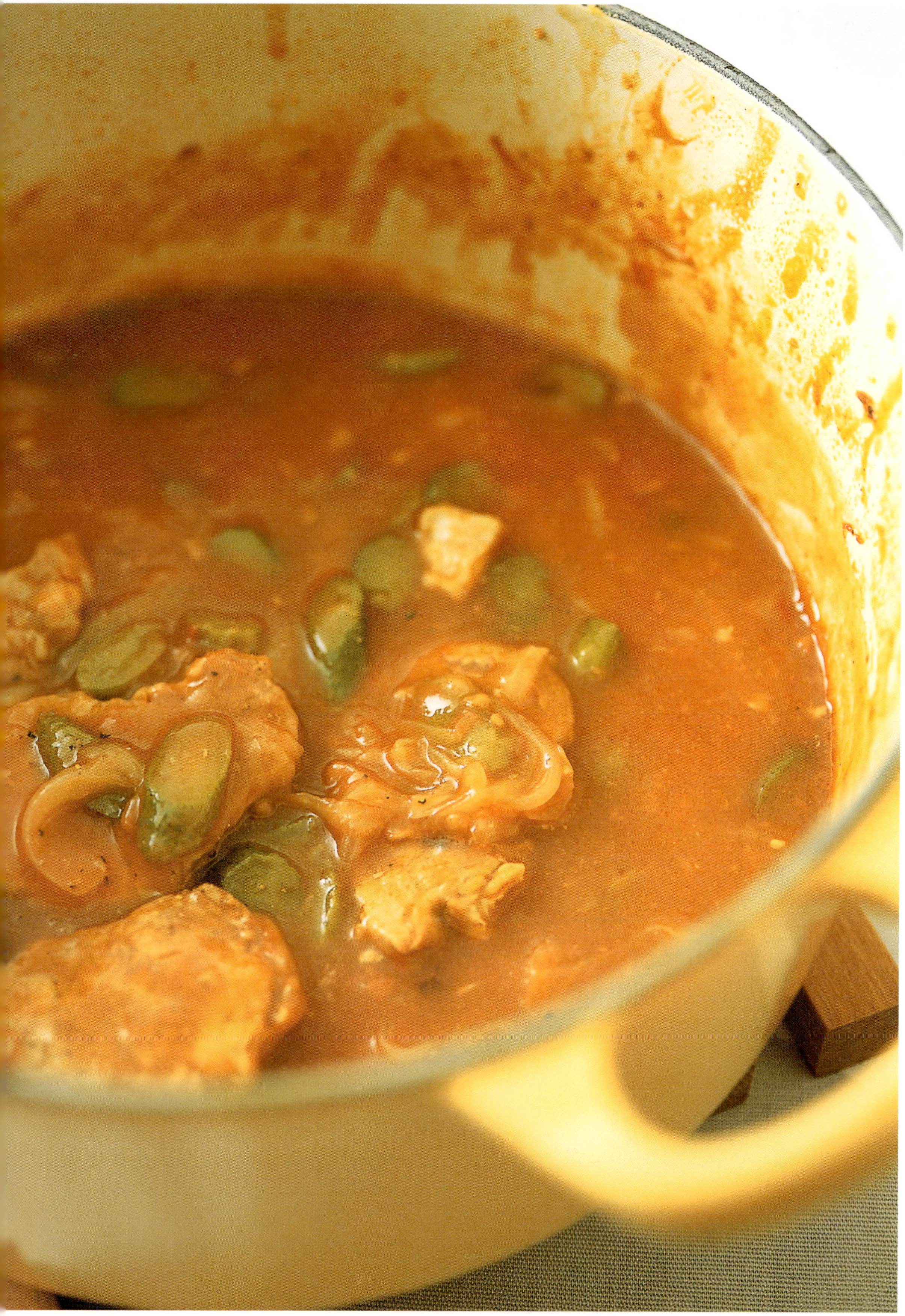

いかとえびのアメリケーヌソース

えびの殻と香味野菜、市販のアメリカンソースとスープの素(もと)を煮込むだけ。
ル・クルーゼで作れば、すごく簡単にレストランで食べるような、おいしい魚介ソースが味わえます。
「料理の腕が上がったわね」と言われそうな一品です。

●材料(4人分)
いかとえびのアメリケーヌソース
　いか……2はい
　えび(殻つき)……8尾
　オリーブオイル……大さじ2
　塩・こしょう……少々
　白ワイン……50cc
　アメリケーヌソース(缶詰)……1/2缶
　水……100cc
　生クリーム……50cc
　バター……少々
玄米ごはん
　炊きたて玄米ごはん……4人分
　オリーブオイル……少々

●作り方
1. いかとえびは皮、殻をむく。いかは1cm幅の輪切りにする。えびは頭を取っておく。
2. 鍋にオリーブオイルを熱し、いかとえびの身を入れて炒め、塩・こしょうをして火が通ったら、一度取り出す。ザルにあげて、水分を取っておく。
3. 2の鍋にえびの頭を入れ、炒める。色が変わったら、白ワインを入れ、鍋底のうまみをこそげとるようにして、強火で1〜2分煮詰め、えびの頭があるので、一度ここでこしておく。
4. 鍋に3と分量の水、アメリケーヌソース、生クリームを入れ、2〜3分煮込む。
5. 2のいかとえびを加え、さらにひと煮立ちさせて、塩・こしょうで味を調え、バター少々を加える。
(玄米ごはん)
6. 玄米ごはんを炊き(p19参照)、オリーブオイルを入れて混ぜておく。
(仕上げ)
7. 皿に6の玄米ごはんと、5のソースをかける。

えびの頭を色が変わるまで炒めます。鍋底にうまみがついているので、ワインを入れたら、そのうまみをこそげとるようにかき混ぜます。

Arrangement

湯葉のグラタン

魚介のうまみが入ったオリジナルの「アメリケーヌソース」は、グラタンソースに最適。淡泊で栄養価の高い湯葉と組み合わせ、上品でヘルシーな一品に仕上げました。

●材料(4人分)
生湯葉……100g
枝豆……約1パック(60g)
溶かしバター(器に塗る用)……適宜
アメリケーヌソース……上記で作った分量
バター……1人分5g程度
パルメジャーノ……適宜
黒こしょう……適宜

●作り方
1. 枝豆はゆでて、さやから出しておく。
2. 器に溶かしバターを塗り、湯葉、枝豆、作っておいた「アメリケーヌソース」を順に入れていく。これを2回繰り返し、最後にパルメジャーノをふり、冷蔵庫で冷やし小さく切ったバターをのせる。
3. 250度のオーブンで約10分、焦げ目がつくまで焼く。仕上げに黒こしょうをふる。

53

ペースト三種

前菜にピッタリなペーストを三種類紹介します。
ペーストは下味がついていて火をかけると焦げやすいのが難ですが、厚鍋のル・クルーゼなら焦げずに中まで火が入り、失敗せずに作れます。フランスパンやクラッカーにつけてどうぞ。

たらのペースト

●材料（8人分）
甘塩たら……150g
塩・こしょう……少々
牛乳……200cc
だし袋
A ┬ 黒粒こしょう……2粒
　├ ローズマリー……1枝
　├ ローリエ……1枚
　└ パセリの軸……適宜
じゃがいも……約2/3個（90g）
マヨネーズ……30g
にんにく……少々
塩……少々
ナツメグ……少々
オリーブオイル……40cc
パセリ……少々
シブレット……少々
生クリーム……30cc

●作り方
1. たらは半分に切り、塩・こしょうしておく。Aの材料はだし袋に入れる。
2. 鍋にたらと牛乳、1のだし袋を入れて、30分ほど中火よりやや弱火で煮込む。火を強くして水分をとばす。
3. じゃがいもはゆでて、マッシュポテトにしておく。
4. 2のたらは皮を取り除き、身をほぐしてあたたかいマッシュポテトと混ぜ合わせる。粗熱がとれたら、マヨネーズを加え、木べらで合わせる。
5. みじん切りにしたにんにくと、塩、ナツメグを加え、オリーブオイルを少しずつ加えて、力いっぱい混ぜ合わせる。たらが毛羽立ってきたら、パセリとシブレットのみじん切りを加え、最後に生クリームをさっくり混ぜる。

鶏レバーペースト

●材料（6人分）
鶏レバー……400g
牛乳……適量
エシャロット……1個（30g）
にんにく……1/2片（5g）
バター（炒め用）……30g
黒こしょう……少々
塩・こしょう……少々
ブランデー……少々
生クリーム……100g
B ┬ カレー粉……小さじ1強
　├ ナツメグ……小さじ1/3
　├ カイエンペッパー……小さじ1/3
　└ シナモン……小さじ1/4
バター……50g

●作り方
1. 鶏レバーは水洗いし、牛乳につけて血抜きをしておく。エシャロット、にんにくはみじん切りにする。
2. 鍋にバターを熱し、エシャロット、にんにくを炒め、水けをきったレバーも加える。
3. 黒こしょうと塩・こしょうで調味する。両面よく焼いて、ブランデーを入れて、フランベし、水分がほとんどなくなるまで、強火で炒める。
4. 3をフードプロセッサーにかけ、生クリームとBの香辛料を加えて混ぜる。
5. 4をボウルに移して、室温でやわらかくしておいたバターを少しずつ混ぜる。

鶏レバーは両面焼いて、ブランデーでフランベし、臭みを取ります。お酒を入れたら火を強め、アルコール分をとばします。

そら豆のペースト

●材料（6人分）
そら豆（冷凍）……150g
玉ねぎ……1/8個
にんにく……1・1/2片
塩……適宜
C ┬ 香菜……1枝
　├ パセリ……適宜
　└ クミン（粉末）……小さじ1/2
オリーブオイル……30〜40cc
カイエンペッパー……少々
塩……小さじ1/2

●作り方
1. そら豆は自然解凍させ、皮をむく。
2. 鍋にたっぷりの水を注ぎ、ざく切りの玉ねぎ、にんにくと1、塩を入れ、5〜6分中火で塩ゆでする。
3. 水けをきった2をフードプロセッサーにかけ、途中でCの香辛料を加え、さらにまわす。
4. なめらかになったら、様子を見ながらオリーブオイルを少しずつ加えていく。仕上げにカイエンペッパーと塩を加え、よく混ぜる。

素材を用意したら、フードプロセッサーにかけるだけ。中の様子を見ながら、なめらかにしていきます。

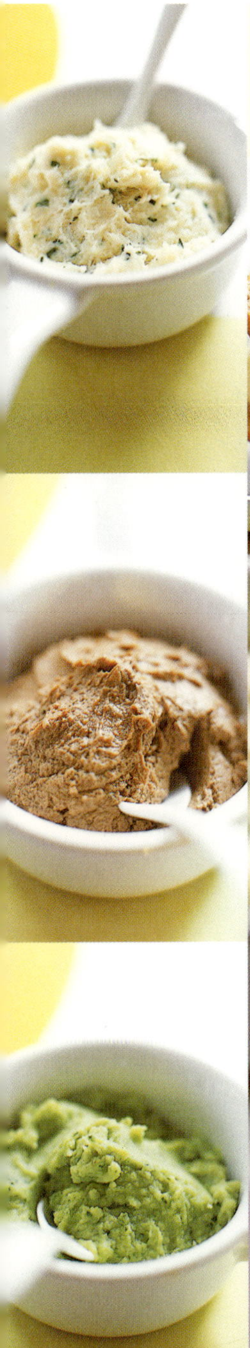
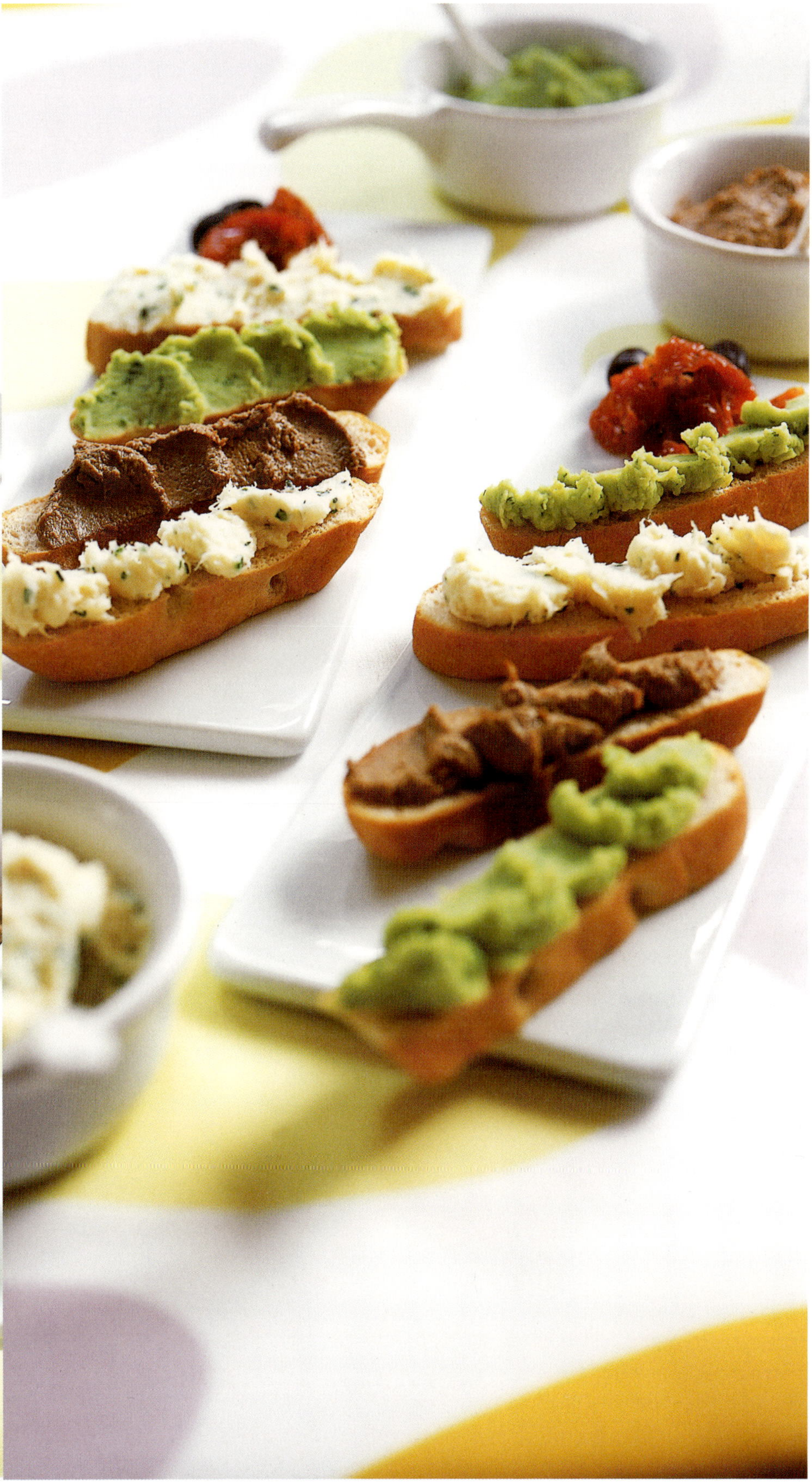

具だくさんのミネストローネ

たっぷりの野菜はル・クルーゼで煮込むことで、素材の甘みが出て、コクのある味に仕上がります。
出来上がったスープに、ベーコンの脂で作ったバジルペーストをかけて食べるのが、オリジナル。
さわやかなハーブの香りがします。

●材料（6人分）
ベーコン（ブロック）……100g
玉ねぎ……大1/2個
にんじん……小1本
セロリ……1 1/2本
じゃがいも……2個
キャベツ……1/8個
ほうれん草……2/3束
オリーブオイル……大さじ1
にんにく……1/2片
水……1125cc
コンソメ（顆粒）……大さじ1強
トマト缶……65g
塩……小さじ1 1/2
バジルペースト
A ┌ ベーコンの脂……30g
  │ バジリコ……15g
  │ にんにく……1片
  └ オリーブオイル……大さじ2
黒こしょう……適宜

●作り方
1. ベーコン、玉ねぎ、にんじん、セロリ、じゃがいもはすべて1cm角に切る。キャベツは手でひと口大にちぎっておく。ほうれん草は4～5cmの長さに切る。
2. 鍋にオリーブオイルを熱し、つぶしたにんにくを弱火で香りが出るまで炒める。
3. ベーコンを加えて脂を出し、次に玉ねぎ、ニンジン、セロリを加え、しんなりし、甘みが出るまで炒める。
4. さらにじゃがいも、キャベツ、ほうれん草を加え少し炒めたら、分量の水、コンソメ、トマト缶を入れる。さらに塩を加える。沸騰するまでは強火で、その後中火から弱火で20分ほどコトコト煮込む。
5. Aの材料をフードプロセッサーに入れて、にんにくの粒がなくなるまで細かく砕き、ペースト状にする。市販のバジルペーストを代用してもよい。
6. 4のスープを器に注ぎ、5を小さじ1ほど入れて黒こしょうをふり、混ぜていただく。

硬い野菜から炒め、キャベツやほうれん草は最後に入れます。こんなにたっぷりの野菜が入ります。

Message

スープの中に入るベーコンはブロックを使用して、脂の部分をバジルペーストに使用しました。市販のバジルペーストを使う場合は、スライスしたベーコンを使ってもいいですよ。

豆乳のビシソワーズ

豆乳を加えたじゃがいものスープです。
今回はねぎやセロリなどの野菜をル・クルーゼでよく煮込み、スープにプラス。
野菜の甘みで、豆乳臭さを消すよう工夫しました。豆乳だと分からずにすっきりといただけるはずです。

Message

豆乳には良質のたんぱく質、悪玉コレステロール値を下げるリノール酸、さらにミネラルやカリウムもたっぷり含んでいます。私はお菓子作りにも大いに利用しています。スープなら、たっぷり豆乳がいただけます。

玉ねぎ、長ねぎ、セロリは、色がつかないように弱火でじっくり炒めていきます。

●材料(4人分)
長ねぎ(40g)……1/2本
玉ねぎ……大1/2個(125g)
じゃがいも……1個(150g)
セロリ……1/2本(40g)
バター……25g
水……400cc
コンソメ(顆粒)……大さじ1
豆乳……300cc
生クリーム……100cc
シブレット……適宜

●作り方
1. 長ねぎ、玉ねぎ、じゃがいも、セロリはそれぞれ5mm厚の薄切りにしておく。
2. 鍋に火をかけ、バターを溶かし、玉ねぎ、長ねぎ、セロリを加え、弱火で5分ほど色がつかないように炒めていく。
3. じゃがいもを加え、さらに炒める。
4. 分量の水とコンソメを加えて、強火にし、沸騰したら弱火で25～30分煮込む。
5. じゃがいもがやわらかくなったら火からおろし、ミキサーにかけてなめらかにしておく。
6. 5をボウルに移し冷蔵庫で冷やし、豆乳、生クリームを加え、シブレットなどのハーブをのせる。

ハヤシライス

ひと鍋で作れる代表料理のひとつ。肉を焼いてそのうまみのついた鍋で、ソースを作るのがおいしさの秘密。ル・クルーゼなら鍋底のうまみを逃しません。市販のデミグラスソースを使うので、調理は簡単。わが家の定番料理のひとつにしてみてはいかがでしょう？

●材料（4人分）
牛もも・肩ロースなどの薄切り……250g
塩・こしょう……適宜
玉ねぎ……1個（300g）
マッシュルーム（生）……1パック
にんにく……1片
バター……30g
赤ワイン……100cc
サラダオイル……大さじ2
水……200cc
コンソメ……大さじ1½
A
　デミグラスソース（缶詰）……1缶（290g）
　トマトケチャップ……大さじ3
　ウスターソース……大さじ1
　しょうゆ……大さじ½
　みりん……大さじ3
ブールマニエ……適宜
　バター……大さじ1½（15g）
　薄力粉……大さじ1½（15g）
炊きたてごはん……4人分
パセリ……適宜

●作り方
1. にんにくはみじん切り、玉ねぎは3～4mmのくし形切り、マッシュルームは3～4mm幅に薄くスライスしておく。肉には塩・こしょうをする。
2. 鍋にバターとにんにくを加えて火にかけ、肉を入れて焼く。
3. 全体に焼き色がついたら、赤ワインを加えて、強火にしてアルコール分をとばす。これを一度取り出しておく。
4. 同じ鍋にサラダオイルを入れ、火にかけて玉ねぎを炒め、次にマッシュルームを入れてさらに炒める。全体に油がまわったら、3の肉も加える。
5. 分量の水を入れ、コンソメを加え、さらにAの調味料を加えてひと混ぜし、弱火で20～25分煮込む。
6. とろみをブールマニエで調節する。
7. 器にごはんを盛り、6のソースをかけ、刻んだパセリを散らす。

煮込んだあと、このようにブールマニエを溶かして、とろみを調節しましょう。

とろっと、おいしいとろみがついたら出来上がり。おいしい炊きたてごはんといっしょにいただきます。

Message

ハヤシライスは私の大好きなメニューのひとつです。これだけでごちそうになるのが魅力。サラダやピクルスをつけ合わせにすれば、これだけでごちそうになってしまいます。

温泉たまごをのせたボロネーゼスパゲッティ

たくさんの香味野菜を入れて、ひと味違う本格派のボロネーゼにしました。
ル・クルーゼだからこそ、野菜本来の甘みを引き出すことができるからです。
市販の炒め玉ねぎを使いましたが、手作りすれば、よりおいしく仕上がります。

●材料（8人分）
豚ひき肉（肩ロース）……280g
牛ひき肉（肩ロース）……120g
にんにく……1片（10g）
セロリ……1本（150g）
にんじん……150g
オリーブオイル……大さじ4
赤ワイン……120cc
生ハム……30g
ベーコン……20g
赤唐辛子……1本
炒め玉ねぎ……120g

A ┌ ホールトマト缶……大1缶（400g）
  │ トマトペースト……大さじ5
  │ トマトジュース……190g
  │ 水……200cc
  │ コンソメ（顆粒）……大さじ2
  │ オレガノ……小さじ1
  │ カレー粉……小さじ1
  │ セージ（ドライの粉末）……少々
  │ ローリエ……1枚
  │ 塩……小さじ1½
  └ こしょう……少々

赤ワインビネガー……大さじ1
塩……適宜
スパゲッティ……人数分
オリーブオイル……適宜
温泉たまご……人数分
パルミジャーノ……適宜
イタリアンパセリ……適宜

●作り方
1. にんにく、セロリ、にんじん、生ハム、ベーコンは、みじん切りにしておく。赤唐辛子は種を取っておく。
2. 鍋にオリーブオイルを熱し、にんにく、セロリ、にんじんをしんなりして、甘みが出るまで炒める。
3. 牛豚ひき肉を入れて強火で炒め、色が変わったら、赤ワインを加え、水けがなくなるまで炒める。生ハム、ベーコンを加えさらに炒める。
4. 全体に火が通ったら、炒め玉ねぎを入れ、Aの材料と赤唐辛子を加えてよく混ぜる。
5. 弱火にして、ふたをし、30分ほど煮込む。赤ワインビネガーを入れ、塩で味を調える。
6. 人数分のスパゲッティをたっぷりのお湯でゆでて、オリーブオイルをまわしかけ、皿に盛る。5のソースをかけて、中央に温泉たまごをのせる。仕上げにパルミジャーノをふり、イタリアンパセリを飾る。

ひき肉を入れたら、ワインを加え、水けがなくなり、ポロポロとなるまで、強火で炒めていきます。

野菜たっぷりのビーフストロガノフ

ステーキ用の肉を使ったちょっとぜいたくな一品。煮込み時間が短いので、手早く作れるのが魅力です。蒸し焼きした色鮮やかな野菜の上にのせれば、豪華なメーンディッシュとしてお客さまにお出しできます。

●材料(6人分)
牛ヒレ肉(ステーキ用)……480g
塩・こしょう……少々
薄力粉……大さじ2
パプリカ(粉末)……少々(約1g)
バター……30g
オリーブオイル……大さじ1
エシャロット……1個(50g)
フォンドヴォー(缶詰)……1缶(290g)
サワークリーム……60g
パプリカ(粉末)……大さじ1½
生クリーム……120cc
コンソメ(顆粒)……小さじ1½
塩……小さじ½
こしょう……適宜
つけ合わせの野菜
   パプリカ(赤)……1½個
   パプリカ(黄)……1½個
   ズッキーニ……1½本
   かぼちゃ……⅙個
   エリンギ……1½パック
塩・こしょう……適宜
オリーブオイル……大さじ2
白ワイン……大さじ3
イタリアンパセリ……適宜

●作り方
1. 牛ヒレ肉は1cm角、7～8cmの長さの棒状に切り、塩・こしょうをし、かるくパプリカと薄力粉をまぶしておく。
2. 次につけ合わせの野菜の準備をする。パプリカ赤・黄は、2つに割って種を取り、繊維を断ち切るように1cm幅に切る。ズッキーニは5mm厚の斜め切りにする。エリンギは縦3～4等分に切る。かぼちゃは種を取り、2～2分30秒(レンジ強)レンジにかけ、1.5cmの厚さの長いくし形切りにする。
(肉をソテーする)
3. 鍋にバターとオリーブオイルを入れて火にかけ、1の肉を入れて、強火でソテーする。中はレアな状態でもよい。焼き色がついたら、ペーパータオルなどの上に置き、余分なオイルを落としておく。
(ソースを作る)
4. 肉を焼いた3の鍋にエシャロットを入れて炒める。しんなりしてきたら、フォンドヴォーを入れて少し煮詰める。
5. 小さいボウルにサワークリーム、パプリカを入れ、汁の一部を加え、泡立て器でよく溶かす。
6. 4の鍋に生クリーム、コンソメと5を加え、ソースにツヤが出るまで中火よりやや弱火で10～15分ほど煮詰めて、塩・こしょうで味を調える。
7. ソースに3の肉をもどし、手早くソースをからめる。
(野菜を蒸し焼きする)
8. フライパンにオリーブオイルを入れ、2の野菜を炒め、塩・こしょうをする。白ワインを入れて、ふたをして中火よりやや弱火で5～6分火にかけ、蒸し焼きにする。かぼちゃがやわらかくなっていれば、OK。
(仕上げ)
9. 蒸した野菜を器に盛り、ビーフストロガノフを盛りつけ、イタリアンパセリを添える。

ボウルにサワークリーム、パプリカを入れ、さらに汁の一部を加えて、かき混ぜます。

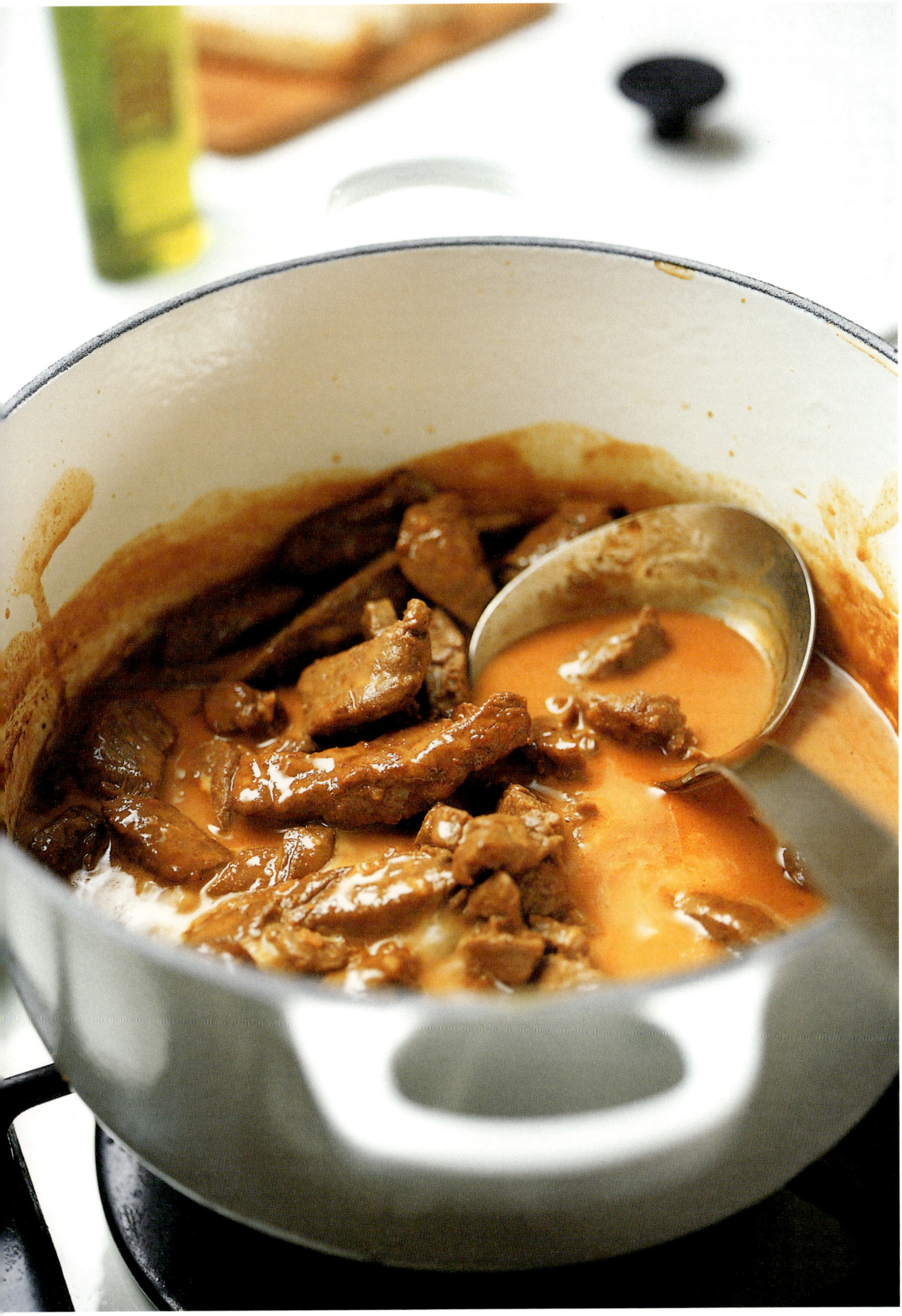

サフラン風味の海の幸リゾット

サフランを加えたパエリアのような、ブイヤベースのようなリゾット。
ル・クルーゼで炊くことで、ふんわりした熱が全体にゆきわたり、
ベタベタ感のないふっくらおいしいリゾットが作れます。マヨネーズソースが味を引き立てます。

●材料（6人分）

A
- 生たらの切り身……2枚
- あさり（殻つき）……8粒
- えび……4尾
- いか……1/2尾
- 帆立て貝柱……2個
- セロリの葉……2～3枚
- パセリの茎……2～3本
- ローリエ……1枚

白ワイン……100cc
オリーブオイル……大さじ2
米……2カップ
にんにく（みじん切り）……1/2片分（5g）
玉ねぎ（みじん切り）……1/2個分（120g）
水……適量（600～700cc）
コンソメ（顆粒）……小さじ2
カレー粉……小さじ1/4
サフラン……小さじ1

B
- マヨネーズ……大さじ2
- にんにく（すりおろし）……小さじ1
- カイエンペッパー……小さじ1/2～1

イタリアンパセリ……適宜

●作り方

1. たら、いか、貝柱は食べやすい大きさに切る。鍋にAの材料入れ、白ワインを注ぎ、蒸し煮をして5分ほどしたら、取り出し、身と汁とに取り分けておく。
2. 同じ鍋にオリーブオイルを熱し、みじん切りにしたにんにく、玉ねぎを順に炒め、米も加えて透き通るまで炒める。
3. 1の煮汁と分量の水を合わせて、800ccになるようにし、あたためておく。
4. 2の鍋に、あたためた3の煮汁を入れ、コンソメ、カレー粉、サフランを加えて混ぜて、ふたをして20～25分弱火で煮る。
5. 火を止めてすぐに、1の身を加え、ふたをして5分蒸らす。全体を混ぜて、皿に盛る。
6. Bの調味料を混ぜてマイユを作る。
7. 皿に盛ったリゾットにパセリを飾る。マイユをお好みで魚介につけて、リゾットを混ぜて召し上がれ。

鍋に材料を入れたら、ワインを注ぎ、蒸し煮に。魚介のうまみたっぷりのスープを作ります。

鶏のレモンクリーム煮

鶏肉は苦手、という人も多いのですが、レモンのクリームソースで煮込めば、
鶏肉独特の臭みも消えてさっぱり味に仕上がります。
ル・クルーゼをオーブンに入れている時間を利用して、サラダなどもう一品を用意することができますね。

●材料（4人分）
鶏もも肉（唐揚げ用）……500g
塩・こしょう…… 少々
エリンギ……2本
玉ねぎ……1個
レモン……1/2個
サラダオイル……大さじ1
バター……10g
白ワイン……60cc
コンソメ（顆粒）……小さじ2
水……150cc
生クリーム……200cc
A ┌ しょうが……3枚
　│ 八角……1個
　│ コリアンダー……大さじ1
　│ クローブ……3個
　└ カレー粉……小さじ1/2
塩……小さじ1/2
こしょう……少々

●作り方
1. 鶏もも肉は唐揚げ用の大きさに切り、塩・こしょうをしておく。
2. エリンギは5mmの薄切りに。玉ねぎは3mmの厚さに、レモンは7〜8mm幅にスライスしておく。
3. 鍋にサラダオイルを熱し、1の鶏を入れ、皮目から両面しっかり焼きつける。途中、エリンギも入れて炒める。鶏に焼き色がつき、エリンギに火が通ったら、一度取り出しておく。
4. 鍋の余分な油をペーパータオルで拭き取り、バターを加え、玉ねぎを入れて、しんなりするまで炒める。白ワインを入れ、強火で3〜4分煮詰める。分量の水とコンソメ、生クリームも加え、これをひと煮立ちさせる。
5. 4の鍋に3の鶏とレモンのスライス、Aの材料を入れ、塩・こしょうを加えて、180度のオーブンで20〜25分焼く。
6. 20分ほどしたら、3のエリンギを入れ、かるく混ぜて再びオーブンで7〜8分ほど加熱する。

皮目から焼くことで、皮はパリッとおいしく焼き上がります。

Message

レモンに含まれるクエン酸は、疲労回復にいいそうです。心地よい酸味が食欲をそそります。

ベッコフ

昔はパン屋の釜の余熱で作ったという、フランス・アルザス地方の家庭料理です。
牛肉とじゃがいも、香味野菜を鍋に重ね、オーブンに入れるだけのシンプルな料理。
ムラがなく熱が伝わるル・クルーゼだからこそ作れる一品です。

●材料(6人分)
牛すね肉……300g
豚肩ロース肉……300g
ポワローねぎ……1/2本
にんじん……1/2本
玉ねぎ……1/2個
にんにく……2片
ブーケガルニ
　タイム……適量
　ローリエ……1枚
リースニングワイン(白)……500cc
こしょう……適宜
じゃがいも(メークイーン)
　……大4個(500g)
ラード……20g
塩……9g
タイム(飾り用)……適宜
粒マスタード……適宜

●作り方
1. 牛すね肉は1cm角に、豚肩ロース肉は4cm角に切る。ポワローねぎ、にんじんは薄い輪切りに、玉ねぎは薄いくし形切りに、にんにくは半割りにしておく。この材料を容器に入れ、ブーケガルニを入れ、こしょうをふる。さらにリースニングワインを注ぎ、ひと晩つけ込む(この時塩をふると、肉から血が出てしまうので要注意。時間がない場合は、密閉性のあるビニール袋に入れ、もみ込み、重しなどをするとよい)。
2. 翌日、つけ汁と材料とに分けて、汁けをきる。
3. じゃがいもは2〜3mmのスライスにして、水にさらさないでおく。
4. 鍋の底と側面にラードを塗り、2の肉、3のじゃがいも、2の野菜の順に層になるように、ぎゅうぎゅうに詰めていく。最後はじゃがいもになるようにして、上にブーケガルニをのせる。
5. つけ汁は別の鍋に入れ、火にかけ沸騰して白いアクが盛り上がってきたら火を止める。これをリードペーパーでこす。
6. 再び汁を鍋に移し、塩9gを加えて火にかけ、沸騰したら止める。
7. 6の汁を4の鍋に注ぎ、ふたをして150度のオーブンで2時間半〜3時間ほどじっくり加熱する。
8. 出来上がったら、皿に盛りタイムを飾る。好みで粒マスタードをつけていただく。

じゃがいもを最後にのせ、ブーケガルニをのせます。このあと、汁を入れ、オーブンへ。

Message

香りの高いリースニングワインといっしょにいただくと、料理が一層おいしく感じます。

ソーセージとベーコンの煮込み

いんげん豆が豊富にとれるフランスのラングドッグ・ルシヨン地方の料理。
下ごしらえさえすれば、オーブンに50分ほど入れるだけでできてしまう優れた料理です。
オーブンに入れることで、ソーセージにこんがり焼き色がつき、食をそそります。

●材料（4人分）
ソーセージ……4本
豚バラ肉……100g
鶏もも肉……100g
ベーコン……60g
玉ねぎ……1/2個
にんにく……1片
オリーブオイル……大さじ1
白ワイン……90cc
水……300cc
コンソメ（顆粒）……小さじ2
ブーケガルニ
　パセリの茎……2～3本
　セロリの葉……3枚
　ローリエ……1枚
塩・こしょう……少々
白いんげん豆（缶詰）……1缶（240g）
粒マスタード……適宜

●作り方
1. 豚バラ肉、鶏もも肉、ベーコンはひと口大の大きさに切る。玉ねぎ、にんにくはみじん切りにしておく。
2. 鍋にオリーブオイルを熱し、玉ねぎとにんにくを炒め、香りが出てきたら、1の肉とベーコン、ソーセージを加えて炒める。
3. 白ワインを入れて中火よりやや強火で3～4分煮詰め、分量の水、コンソメ、ブーケガルニを加え、沸騰したらアクを取り、塩・こしょうで味を調える。
4. 水けをきった白いんげん豆を加え、ふたをして180度のオーブンで20分ほど火を通す。
5. さらにふたをしないで、170～180度のオーブンに30分ほど入れる。煮汁が2/3の量になり、ソーセージがこんがり焼けてきたら出来上がり。お好みで粒マスタードをつけて、いただく。

オーブンに入れる前。ソーセージはまだ焦げていません。

20分してオーブンから出すと、この通り。ソーセージはこんがり焼けておいしそう。

Message

フランスで友人のお宅を訪ねたとき、出していただいたのがこの料理です。各家庭によって味も違うようです。まさにママンの味なのでしょうね。

貝のマリニェール

マリニェールとは、フランス語でマリネ・蒸し煮のことをいいます。
ムール貝だけでは、難しいので、あさりやはまぐりを加えて、コクのある味に。
ポワローねぎをプラスすると、よりフランスらしい味に仕上がります。

●材料(4人分)
ムール貝(殻つき)……300g
あさり(殻つき)……200g
はまぐり(殻つき)……200g
玉ねぎ……1/4個
セロリ(葉も加えて)……1/4本分
バター……50g
白ワイン……150cc
水……150cc
パセリ……少々
こしょう……少々
塩……少々

●作り方
1. ムール貝は洗って汚れを落とし、ヒモを取っておく。その他の貝は塩水に浸し、砂をはかせておく。玉ねぎは薄切り、セロリも筋を取って薄切りにする。
2. 鍋に半量のバターを溶かし、玉ねぎとセロリを中火で透き通って、しんなりするまで炒める。こしょうをふってひと混ぜしておく。
3. 貝類を加え、さらに塩・こしょうをし、貝類に野菜をよくからませる。
4. 白ワインと分量の水を加えてふたをして、中火で蒸し煮にする。
5. 貝の口が開いたら、一度火からおろし、残りのバターとみじん切りのパセリを入れ、再び火にかける。火を強め、全体に火を通す。

貝と野菜のうまみが互いに引き立つよう、よくからめながら、炒めていきます。

玉ねぎ、セロリなどのうまみが入った鍋の中に、きれいに洗った貝類を加えていきます。

Message

冷やした白ワインとともにいただく、フランスではポピュラーなメニューです。前菜に最適です。

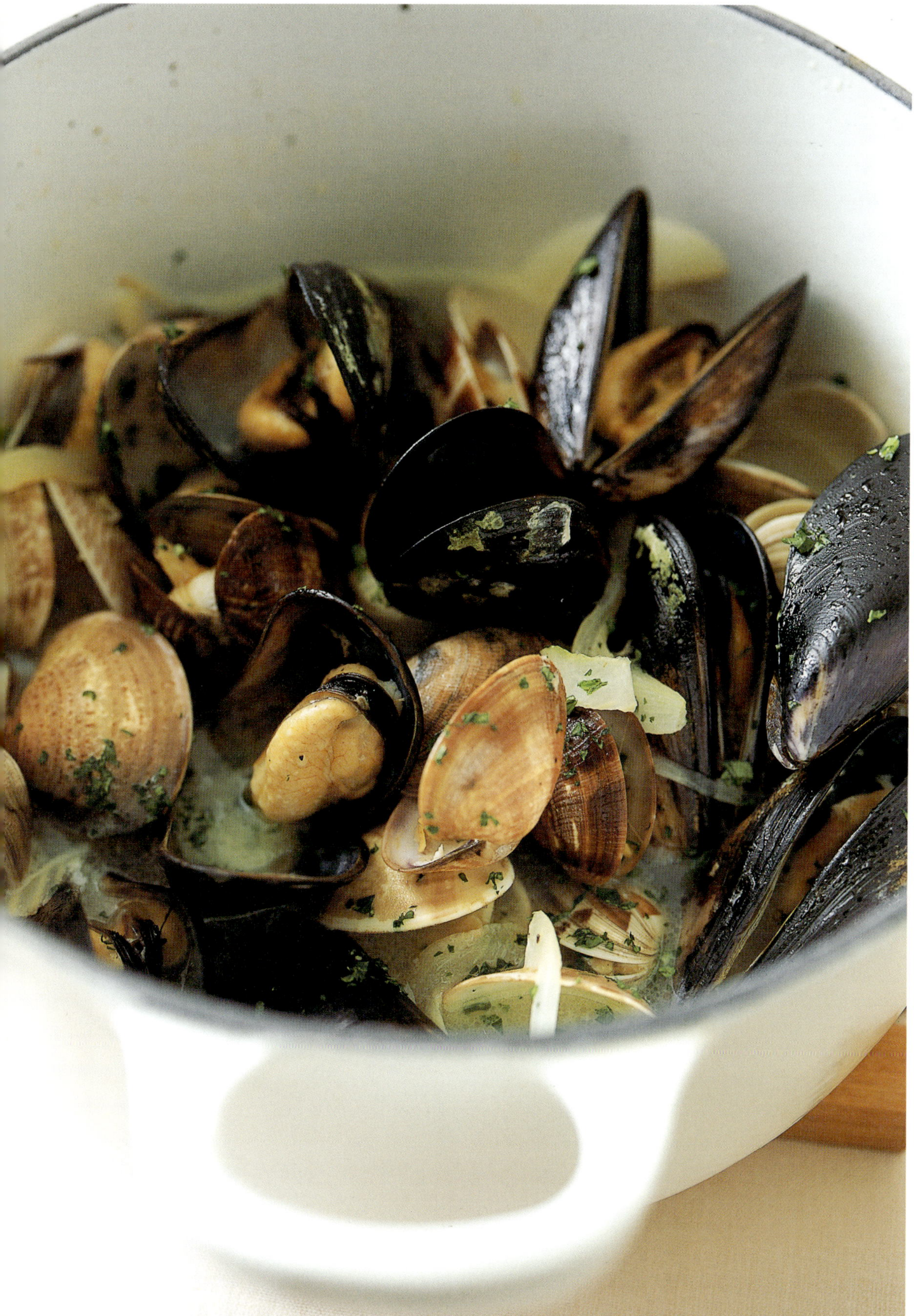

chapter4 # Sweets table style

こころ躍る 手作りのデザート

　おもてなしのラストを飾るのは、やはりデザートです。どんなにメーンディッシュでおなかがいっぱいになっても、スイーツだけは別ですよね。

　作る側から見ると、デザートは大変っと、思いがち。でも、ル・クルーゼのお鍋で作るデザートなので、そんなに気合いを入れなくても大丈夫。きちんと分量を量り、煮る時間だけ分かっていれば、大きな失敗をすることなく作れます。

　おもてなしをすることを考えて、作り置きできるジャムやコンポートなどのレシピも多くセレクトしました。当日はチーズケーキやブラマンジェに添えて、飾りつければいいだけ。これなら、手作りでも手軽さを感じるでしょ？

　おもてなしのとき私は、当日食べるデザートに加えて、クッキーやマフィンなどを焼いておくことにしています。これも、コーヒーに添えて、おもてなしの席へ。余った場合は、おみやげとしてお客さまにお渡しするのです。いただく方も、気兼ねなく持ち帰れるのがいいところ。リボンなどつけラッピングしてお渡しすれば、きっと喜ばれるはず。お招きしたご家族にもちょっとしたおすそわけになります。最後の最後まで、デザートで締めくくるのが私流のおもてなしです。

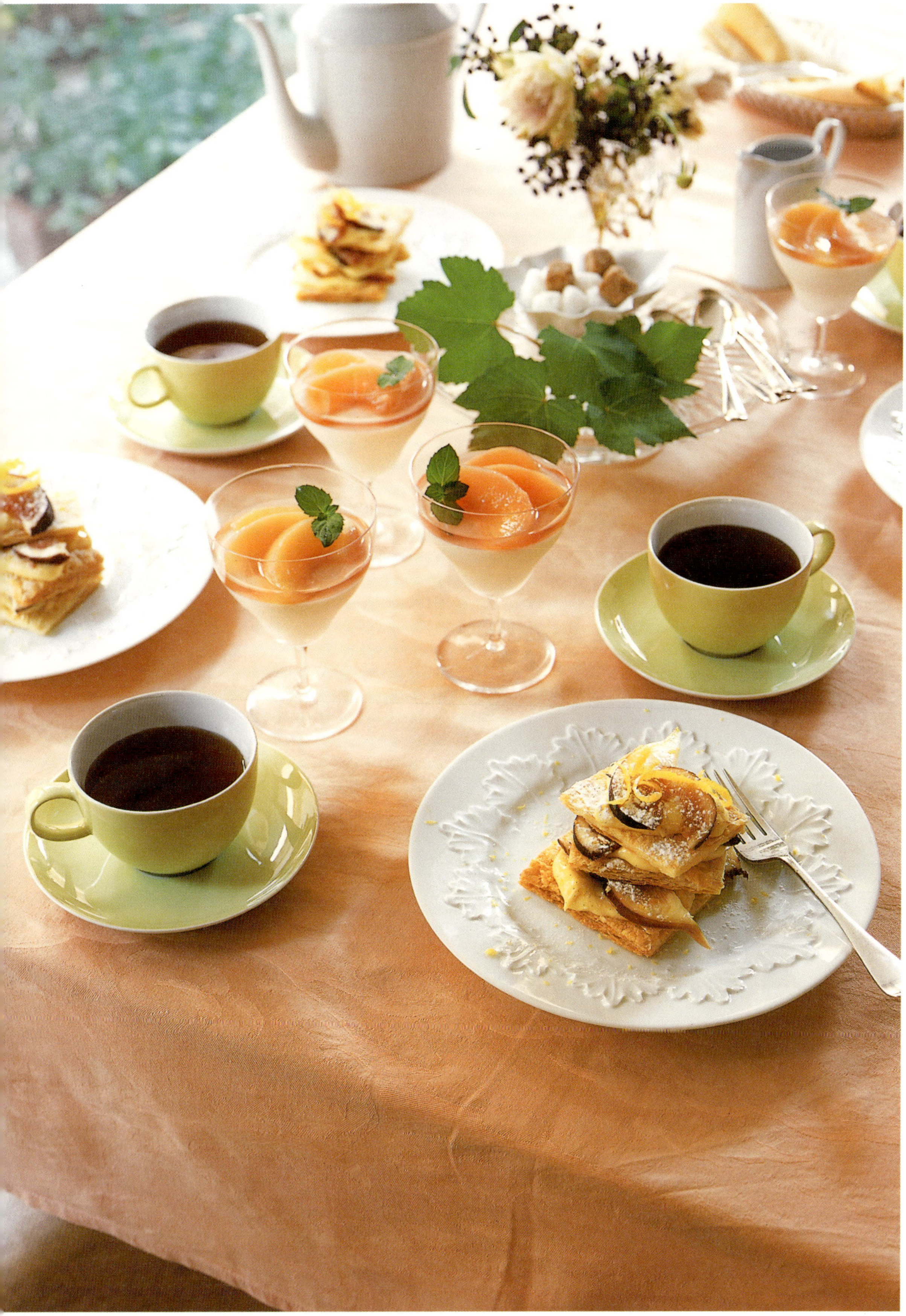

洋なしのロースト 赤ワイン風味キャラメルソース

洋なしはキャラメルソースと直火で一度煮込んでから、ローストするためにオーブンへ。
焦げつきにくいル・クルーゼの鍋だからこそ、こんなワザが使えるのです。
ワインの風味がきいた、大人味のデザートです。

●材料（4人分）
洋なし……4個
レモンの皮……1個分
グラニュー糖……大さじ1/2×4
バニラビーンズ……1本（4等分）
レモン汁……大さじ1
┌ グラニュー糖……200g
└ 水……800cc
赤ワイン……2カップ
バニラアイスクリーム……適宜
シナモン……4本

●作り方
1. 洋なしはくり抜き器（またはスプーン）を使って、底のほうからしんをくり抜く。この時、茎の部分は残しておく。
2. レモンの皮は白い部分を取り除き、ふたになるよう薄切りにしておく。
3. バニラビーンズは、種とさやに分け、種とグラニュー糖と合わせる。
4. それぞれの洋なしのくり抜いた部分に3を詰め、2のレモンでふたをする。
5. 洋なしを鍋に並べ、レモン汁をふりかける。このとき、洋なしがきっちり入るサイズの鍋が好ましい。4個なら22cmのココット鍋が最適。
6. 5の鍋にアルミホイルをかけ、170度のオーブンで、25〜30分焼く。
7. 6の洋なしをいったん取り出し、この鍋にグラニュー糖と分量の水を入れ火にかけて、カラメル色になったら火からおろす。赤ワインを入れ、再び火にかけて沸騰させ、アルコール分をとばす。
8. 7の鍋に洋なしを入れて並べ、途中汁をかけながら、170度のオーブンで40〜45分、完全に洋なしがやわらかくしんなりするまで焼いておく。
9. 焼いたあとの煮汁が多いようなら、洋なしを鍋から取り出し、汁を煮詰めてとろりとさせ、濃度をつける。
10. 皿に盛り、バニラアイスとシナモンを飾る。

キャラメルソースにワインを入れたら、火を強め、酸味が入らないようアルコール分をとばします。

洋なしの底をくり抜き、バニラビーンズとグラニュー糖を詰め、このようにレモンの皮でふたをします。

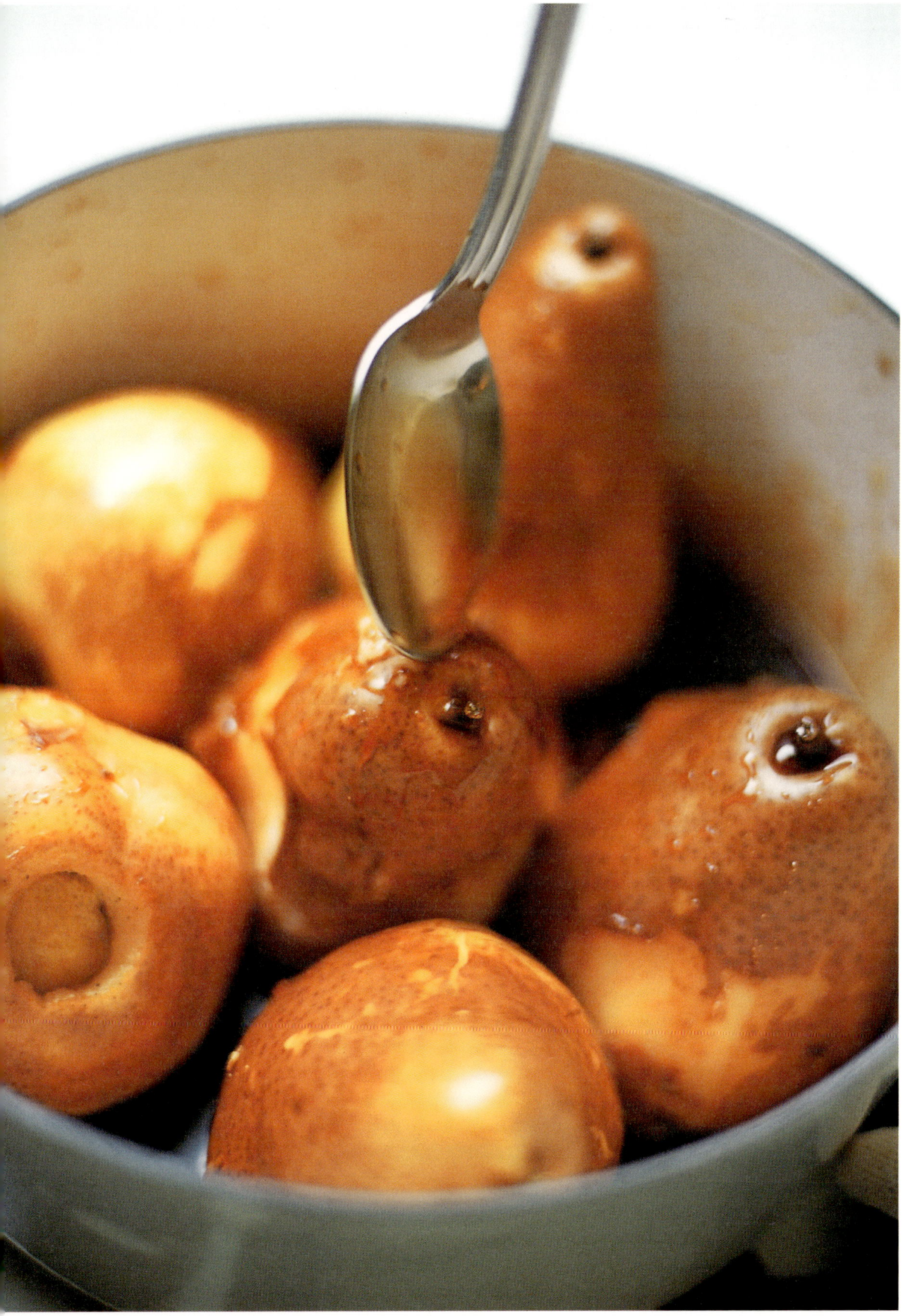

桃とココナッツのブラマンジェ

ル・クルーゼはコンポート作りに最適な鍋です。
ことこと煮込むことで、ワインの味がしっかりとしみこみ、大人の風味に。
ブラマンジェと組み合わせて、おしゃれなグラスデザートにしました。

●材料(4人分)
桃のコンポート
　桃……4個
　水……300cc
　白ワイン……300cc
　グラニュー糖……200g
ブラマンジェ
　牛乳……300cc
　ココナッツロング……65g
　グラニュー糖……50g
　板ゼラチン……5g
　生クリーム……100cc
　ミント……適宜

●作り方
(桃のコンポート)
1. 桃はぬれたタオルなどでうぶげを取る。
2. 鍋に分量の水、白ワイン、グラニュー糖を入れて火にかけ、グラニュー糖が完全に溶けたら、桃を加える。弱火にして、落としぶたをして、両面を20分ずつ煮る。
3. 粗熱がとれたら、ボウルに移し、冷蔵庫で冷やす。
(ブラマンジェ)
4. 鍋に牛乳、グラニュー糖、ココナッツロングを入れて火にかけ、グラニュー糖を溶かし、沸騰させる。
5. 火からおろして、水でふやかしたゼラチンを加えて混ぜる。完全にゼラチンが溶けたら、ふたをして5分蒸らす。
6. 5をシノワでこして、ボウルに移し、底に氷水を当ててとろみをつける。
7. 生クリームは五～六分立てにする。
8. 6にうっすらととろみがついたら、7の生クリームを加えて泡立て器で混ぜる。
9. 器の八分目まで流し入れ、冷蔵庫で1時間冷やし固める。
(仕上げ)
10. ブラマンジェが固まったら、皮をむいて切った桃のコンポートをのせ、コンポートの煮汁をかける。最後にミントを飾る。

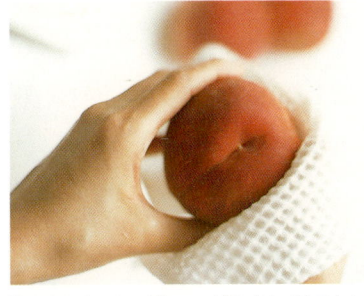

桃はぬれたタオルなどで、丁寧にうぶげを取ります。このひと手間で、ソースがおいしく仕上がります。

鍋にぴったりとくっつくように、落としぶたをします。空気穴は開けておきましょう。

粗熱がとれたら、ボウルに移し、冷蔵庫で冷やします。このような感じに煮えたら、OK。

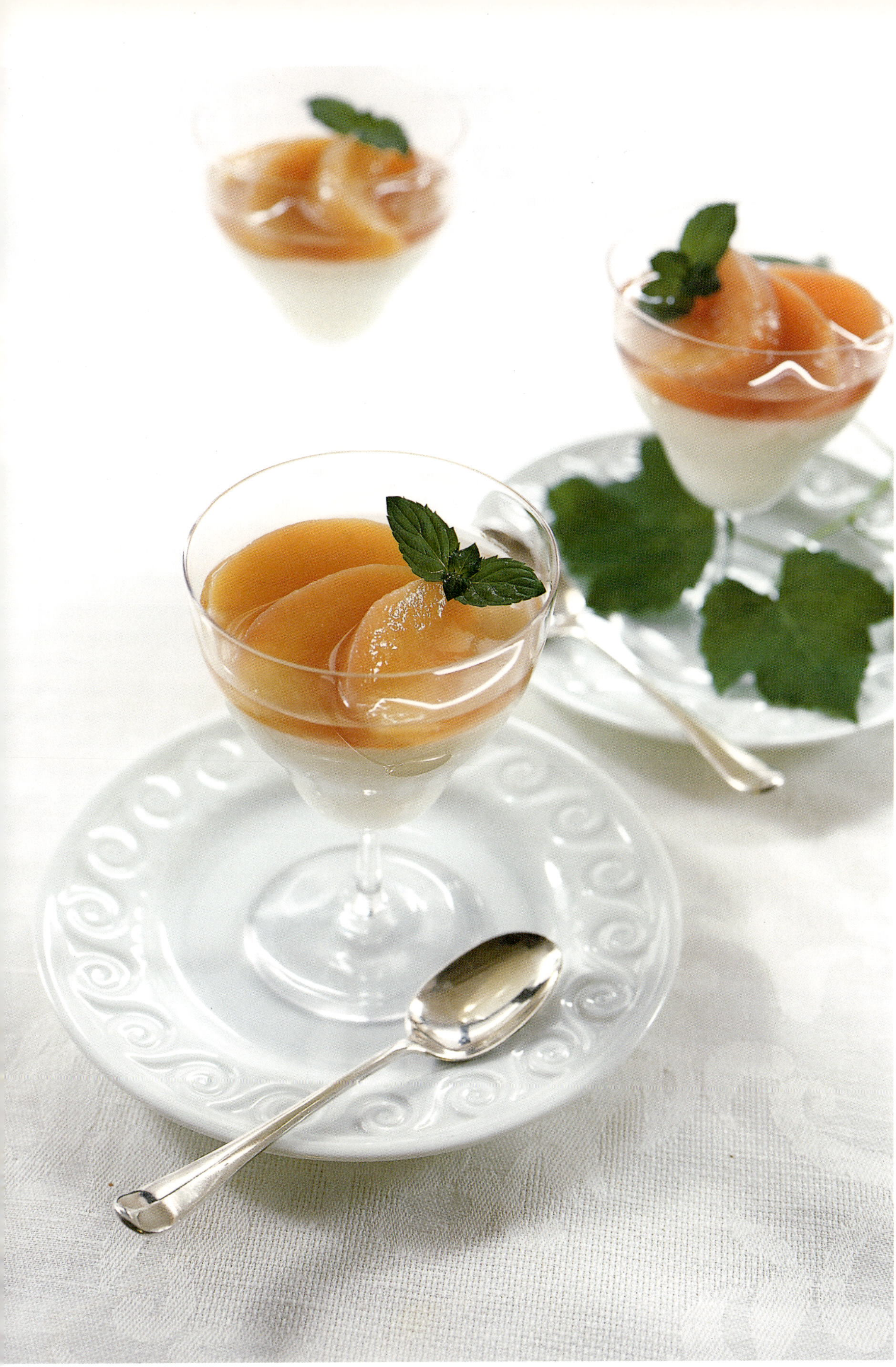

レモンのミルフィーユ

焦げにくいという鍋の特質を利用して、ル・クルーゼでカスタードを作ってみました。
さっぱりしたレモン風味にしたので、甘い物が苦手な人にも好まれそう。
市販のパイ生地を焼いて、ミルフィーユ仕立てにしました。

●材料(4人分)
レモンカスタードクリーム
 卵黄……3個分
 グラニュー糖……65g
 薄力粉……20g
 牛乳……250cc
 バニラビーンズ……1/3本
 レモン汁……大さじ1
 レモンの皮のすりおろし……1個分
 バター……10g
パイ
 市販のパイシート……3枚
飾りつけ用
 いちじく……1〜2個

●作り方
(カスタードクリームを作る)
1. ボウルに卵黄を入れひと混ぜし、グラニュー糖を加え、白っぽくなるまでよくすり混ぜる。
2. ふるった薄力粉を1に加え、よく混ぜる。
3. 鍋に牛乳と、さやからこそげとったバニラビーンズとそのさやを入れ、沸騰寸前まであたためる。
4. 2のボウルに3を少しずつ加えて混ぜる。これを再び鍋にもどして、たえず木べらでかき混ぜながらとろりとするまで中火で煮ていく。
5. 火からおろし、レモン汁とレモンの皮のすりおろしを加える。常温にもどしておいたバターも入れてよく混ぜる。

(パイを作る)
6. 市販のパイシートは半解凍し、めん棒で2〜3mm厚にのばし、オーブンシートにのせ、フォークで全体に空気穴をあけて、190〜200度のオーブンで15〜18分焼く。途中ふくらんできたら、フライ返しなどで押さえて、空気を抜いて、再び焼く。
7. 焼き上がったら、7×8cmの正方形に12枚切っておく。
(仕上げ)
8. いちじくは食べやすい大きさに薄く切る。大きいパイを下にして、上に5のクリームをのせ、その上にいちじくをのせ、さらに小さめのパイ、クリームと、これを3回繰り返し重ねていき、ミルフィーユを仕上げる。

卵黄を入れてひと混ぜし、グラニュー糖を加えて、白っぽくなるまでよくすり混ぜます。

レモンのすりおろしとレモン汁を加えることで、さっぱり味のカスタードになります

Message

中に挟むフルーツは、旬の物を選んでみましょう。あまり甘みの強くない、いちごや桃、キウイフルーツなどが最適です。

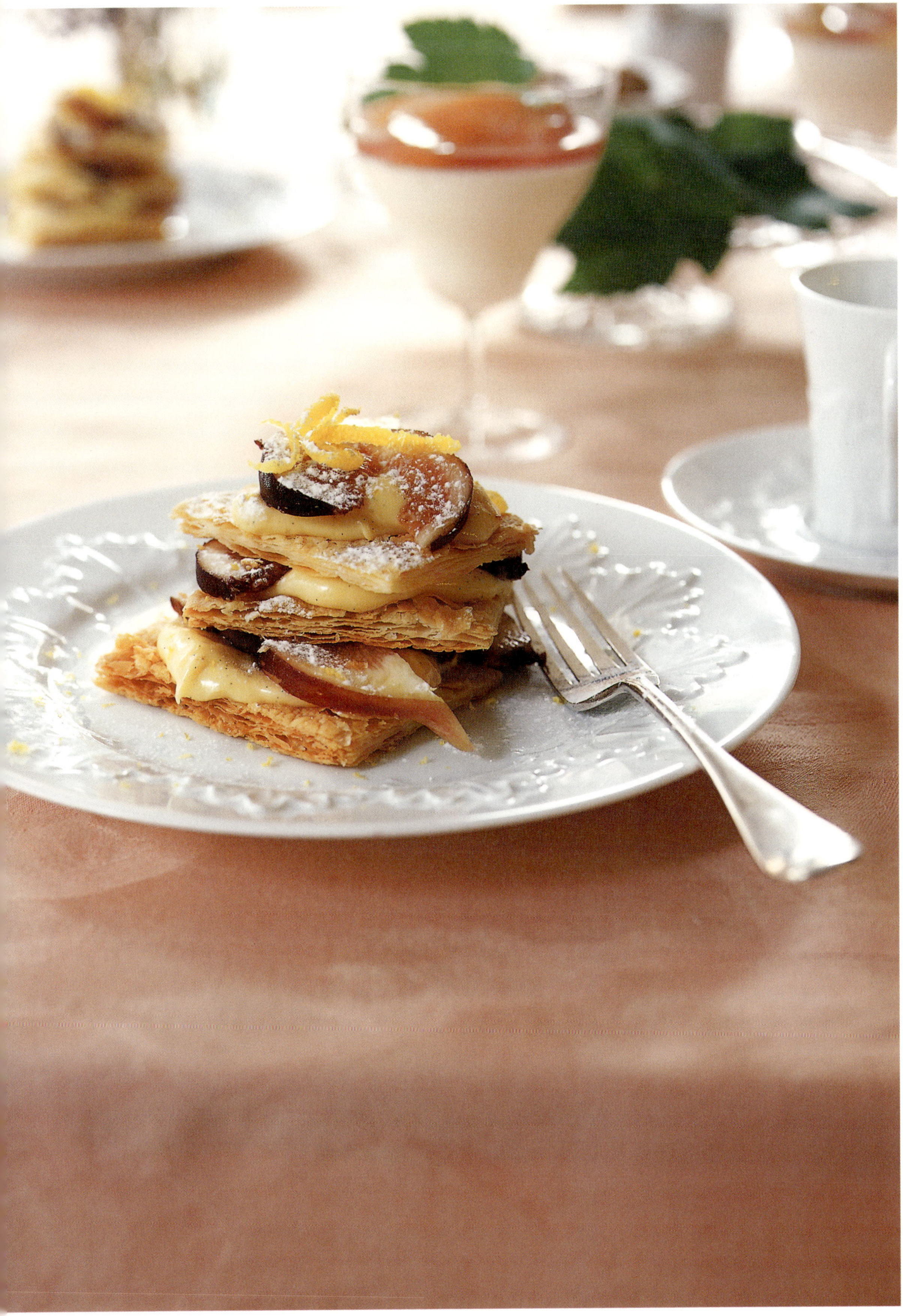

レンズ豆のパフェ

レンズ豆は凸レンズ型の丸くて薄い小さな豆で、煮えやすいのがうれしい点。
栄養価も高いので、ヘルシー志向のお友達にも喜ばれます。
食べやすくするため、季節のフルーツやアイスクリームなどと合わせて、パフェにしてみました。

●材料（4人分）
レンズ豆……100g
水……500cc
塩……少々
A［上白糖……30g
　 三温糖……30g
　 水……125cc］
季節のフルーツ……各適宜
　メロン
　桃
　ぶどう（巨峰）
　ピンクグレープフルーツ
　マンゴー
生クリーム……100cc
グラニュー糖……小さじ2
ココナッツクリーム……30g
バニラアイスクリーム……適宜

●作り方
（レンズ豆を煮る）
1. レンズ豆は水洗いをして、水に10分ほど浸しておく。
2. 水けをきって鍋に入れ、分量の水と塩を加え、5〜6分ゆでる。
3. 2をたっぷりの水で水洗いし、ザルにあげる。
4. 鍋にもどし、Aを混ぜたシロップを加え、弱火で5〜6分煮る。
5. ひと煮立ちさせたら、火からはずして常温で30分おく。
6. 5がやわらかくなったら、ザルにあげ水けをきって、冷蔵庫で冷やしておく。
（飾りつけ）
7. 好みのフルーツは、食べやすい大きさに切る。ボウルに生クリームとグラニュー糖を入れホイップし、八〜九分立てにしてから、ココナッツクリームと混ぜ合わせる。
8. グラスに6のレンズ豆を入れ、7のクリームをかけ、フルーツを飾り、最後にアイスクリームを盛りつけパフェに仕上げる。

レンズ豆は水に10分ほど浸すだけで、煮えやすくなり、時間が短縮できます。

煮立ったあと、30分鍋のまま置いておくことで、味がしみて食べやすくなります。

季節のフルーツを上手に飾りつけ、おしゃれなデザートに仕上げましょう。

Message

レンズ豆は鉄分、植物繊維のほか、良質のたんぱく質がたっぷり含まれています。ゆで時間も短いので、サラダやシチューなど料理にも活用してみましょう。

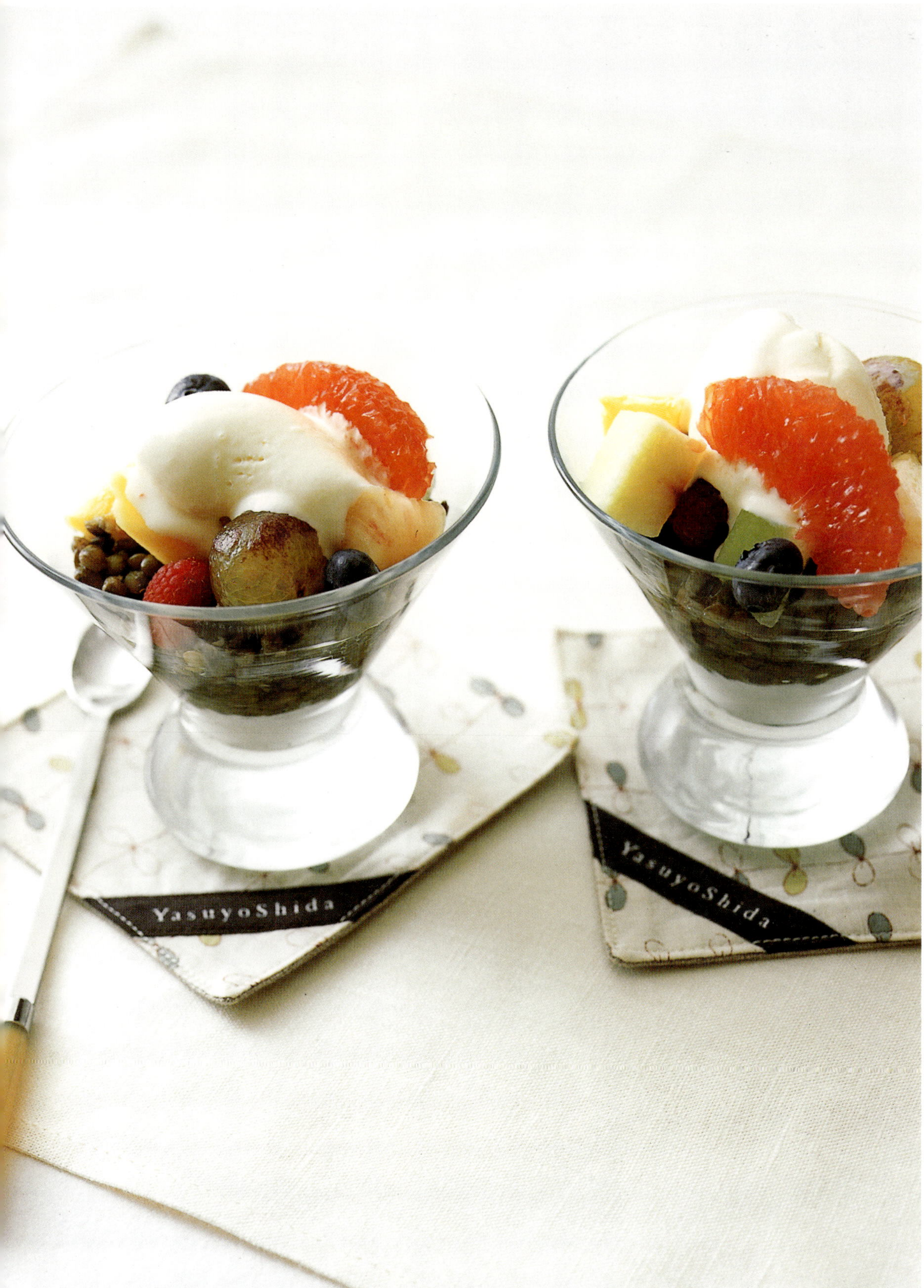
YasuyoShida
YasuyoShida

ふわふわチーズクリーム ブルーベリージャム添え

ジャムは、鍋で作る定番のデザート。
ル・クルーゼはムラなく火が通り、保温性が高いので、素材を生かしたジャムが作れます。
ふわふわでクリーミーなレアチーズケーキにかけて、召し上がれ。

●材料(6〜7人分)
ブルーベリージャム
　ブルーベリー……500g
　グラニュー糖……200g
　レモン汁……小さじ2
　水……100cc

●材料(4人分)
チーズケーキ
　生クリーム……100cc
　クリームチーズ……140g
　卵白……2個分
　グラニュー糖……大さじ4
　レモン汁……小さじ4
　コアントロー……大さじ2

●作り方
(ジャムを作る)
1. 鍋にブルーベリーと分量の水、レモン汁を加えて、中火で5〜10分煮込む。
2. ブルーベリーの皮がやわらかくなってきたら、グラニュー糖の半量を加えて、5分煮込む。
3. さらに残りのグラニュー糖を加え、中火で水分をとばしながら、15〜20分ほどとろみを見ながら火にかける。ジャムのとろみがついたら、火からおろし、粗熱をとって、ガラスの容器に移す。
(チーズケーキを作る)
4. 生クリームは、七分立てに泡立てておく。
5. ボウルに常温にもどしておいたクリームチーズを入れ、クリーム状に練っておく。
6. 別のボウルに卵白を入れ、六分立てくらいホイップしたところで、グラニュー糖を加え、しっかりとしたメレンゲを作る。
7. 5のチーズにレモン汁とコアントローを加えて混ぜる。さらに、4のホイップクリームを合わせ、最後に6のメレンゲを2回に分けてさっくりと混ぜる。
(仕上げ)
8. 皿にチーズケーキを盛り、好きな量のブルーベリージャムをかけていただく。

最後のグラニュー糖を加えたら、火を強くしてとろみを調節していきます。

グラニュー糖を入れたらメレンゲは、しっかりと泡立てます。このように角が立っていたら合格です。

チーズにホイップクリームを混ぜ、チーズクリームを作っていきます。

chapter4 | Sweets table style

ミルクジャム

最近話題のミルクジャムも、ル・クルーゼがあれば手作りも苦になりません。
グラニュー糖をひたすら混ぜ続け、濃度がつくまで煮詰めるのがポイント。
フランスでは、クロワッサンやパンケーキなどにつけて食べられています。

●材料（1瓶・約400mℓ）
ミルク……1ℓ
バニラビーンズ……1本
グラニュー糖……200g
重曹……1つまみ
シナモンスティック……1本

●作り方
1. 鍋に牛乳を入れ、バニラビーンズをさやごと入れる。グラニュー糖、重曹、シナモンスティックを入れて火にかける。
2. グラニュー糖が溶けるまで、かき混ぜながら中火で煮て、沸騰したら、火を弱めて、ふきこぼれない程度に煮詰めていく。
3. 10分ほどしたら、バニラビーンズとシナモンスティックは取り出しておく。
4. その後、かき混ぜながら40〜50分ほど弱火で煮る。少し濃度がついて、半量くらいになって煮詰まってきたら、火からおろす。
5. 粗熱がとれたら、煮沸消毒したガラス瓶に入れて、冷蔵庫で保存する。

鍋に牛乳を入れ、バニラビーンズをさやごと入れ、沸騰したあとは、弱火でじっくり煮ます。

Message

フォションで売られて以来、日本でも人気になったミルクジャム。プレゼントにお渡しすると、とっても喜ばれます。お客さまが帰られるとき、素敵なリボンをかけて、手渡してみてはいかがでしょう。

消毒した瓶に詰めて、保存します。冷蔵庫で冷やせば、約1ヵ月は持ちます。

Profile

信太 康代(しだ・やすよ)

スイス・国立リッチモンド製菓学校、フランス・ルノートル製菓学校でお菓子作りを専門に学ぶ。帰国後、料理研究家として、テレビ、雑誌などで活躍中。自宅ではサロン形式のお菓子＆料理教室を主宰。簡単でおいしい料理と、本格的なデザートつきのメニューが人気を集めている。主な著書は「はじめてのお菓子」（主婦と生活社）、「信太康代のスタンダードレシピ　パイとタルト」（雄鶏社）、「りんごのお菓子」（家の光協会）など多数。

料理アシスタント
飯倉孝枝・吉沼弓美子
信太康代HP http://www.yznet.co.jp/igrek_shida/

協力／ル・クルーゼ ジャポン株式会社
TEL 03-3585-0197

Staff

デザイン　釜内由紀江（GRID）
撮影　　　竹内章雄
スタイリング　北舘　明美
ライター　相川未佳
校正　　　三井春樹
企画・編集　成田すず江（有限会社ラップ）

「ル・クルーゼ」ひとつで。

2004年11月30日　初版発行
2006年 7月30日　8刷発行

著　者　信太康代
発行者　若森繁男
発行所　株式会社 河出書房新社
　　　　〒151-0051
　　　　東京都渋谷区千駄ヶ谷2-32-2
　　　　電話　03-3404-8611（編集）
　　　　　　　03-3404-1201（営業）
　　　　http://www.kawade.co.jp/

印刷・製本　凸版印刷株式会社

© 2004 Kawade Shobo Shinsha, Publishers
Printed in Japan
ISBN 4-309-26795-5

定価はカバーに表示してあります。
落丁・乱丁本はお取り替えします。
本書の無断転載（コピー）は著作権上での例外をのぞき、禁止されています。